柔道

全民健身项目指导用书

曲淑群◎主编

吉林出版集团股份有限公司　全国百佳图书出版单位

图书在版编目（CIP）数据

柔道 / 曲淑群主编. -- 2版. -- 长春：吉林出版
集团股份有限公司, 2010.2 (2024.8重印)
全民健身项目指导用书
ISBN 978-7-5463-2331-2

Ⅰ. ①柔… Ⅱ. ①曲… Ⅲ. ①柔道–基本知识 Ⅳ.
①G886.4

中国版本图书馆 CIP 数据核字(2010)第 028334 号

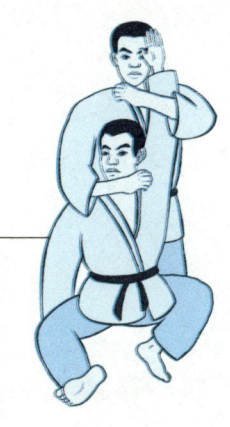

全民健身项目指导用书

柔 道

ROUDAO

主　编　曲淑群
责任编辑　黄 群 杜 琳
封面设计　吕宜昌
开　本　650mm×960mm　1/16
印　张　7
字　数　30千
版　次　2010年2月第2版
印　次　2024年8月第4次印刷
出版发行　吉林出版集团股份有限公司
地　址　吉林省长春市福祉大路5788号
邮　编　130000
电　话　0431-81629968
电子邮箱　11915286@qq.com
印　刷　三河市金兆印刷装订有限公司
书　号　ISBN 978-7-5463-2331-2　定　价　38.00元

序言

自 1995 年我国政府推出《全民健身计划纲要》以来，我国群众性体育活动蓬勃发展，取得了显著的成绩。2008 年,举世瞩目的北京奥运会的成功举办，极大地激发了亿万人民群众的体育热情，增强了全社会的体育意识,营造了浓厚的全民健身氛围。面对这样的可喜局面，群众体育科研、教学工作者应义不容辞地为社会实践服务,从不同角度思考,如何使普通百姓通过简而易行的身体锻炼方式、方法和手段达到良好的健身效果,达到拥有健康的目标,从而享受生活、享受快乐人生。该书系就是在这样的思想指导下诞生的。

本书系能够顺应国家体育的大政方针，掌握时代脉搏,对指导大众健身,使大众掌握健身方法和手段有很好的促进作用。

本书系图文并茂,实用性强,分为球类运动、体操健身运动、传统武术、冰雪运动、水上运动、体育舞蹈、休闲运动、格斗运动、民间体育活动和极限运动等十大类项目,计 100 分册,按照统一的体例,力争有所创新。每册的具体内容为该项目的起源与发展、运动保健、基本

技术、运动技巧、比赛规则等，使读者在学习过程中，不仅能够学会运动健身的方法，同时还能够学到保健方面的基本知识。

经国务院批准，自 2009 年起，将每年的 8 月 8 日定为"全民健身日"。《全民健身项目指导用书》的出版，必将为开展全民健身活动起到积极的推动和指导作用。

目录 CONTENTS

目录 CONTENTS

第一章 概述

　　柔道在日语中是"柔之道"的意思，起源于一种古代日本武士空手搏斗的技术。柔道通过把对方摔倒在地而赢得比赛，它是奥运会比赛中唯一允许使用窒息或扭脱关节等手段来制服对方的项目。

第一节

起源与发展

柔道诞生于日本，为日本人民所喜爱。它在日本开展得极其广泛，日本素有"柔道之国"的称号。柔道经过近代的发展，于 1964 年东京奥运会被列为正式比赛项目，走上世界舞台。

起源

1882 年，日本的嘉纳治五郎将中国武术的踢、打、摔、拿，以及日本的武技、柔术等技术融为一体，创立柔道。同年在东京永昌寺开设讲道馆，柔道在日本很快普及。

1884 年，柔道段位制设立。1890 年，女子柔道训练开始。1900 年，柔道竞赛规则被制定。1931 年，日本建立世界上第一个女子柔道协会。1949 年，由讲道馆倡议组建了全日本柔道联盟。

发展

第二次世界大战以后，欧美国家的许多柔道爱好者来到讲道馆学习，掀起了一股柔道热潮。这些人艺成回国后，便极力推广并传授柔道技术，使柔道在世界范围内广泛传播。

传播

1951 年，日本、英国、法国等 12 个国家发起并成立了国际柔道联合会。

1956 年 5 月 3 日，在柔道的发源地日本东京举行了第 1 届世界柔道锦标赛，有 21 个国家参加。

1964 年，在日本东京举行的第 18 届奥运会上，柔道运动被列为奥林匹克运动会正式比赛项目。

1992 年，第 25 届巴塞罗那奥运会将女子柔道列为正式比赛项目。

机构

国际柔道联合会(IJF)简称国际柔联，1951 年成立，总部设在东京，现已有 199 个协会会员。

中国柔道协会于 1983 年加入国际柔道联合会。

赛事

(1)奥运会柔道赛，每 4 年一届；

(2)世界柔道锦标赛，每 2 年一届；

(3)亚洲柔道锦标赛，每 2 年一届。

国内趋势

柔道运动是在 19 世纪 70 年代末传入中国的。由于柔道和中国传统摔跤相似，所以这项运动在中国很快普及。

为了更广泛地开展群众性体育活动，增强人民体质，推动我国社会主义现代化建设事业发展，1995 年 6 月，国务院提出了《全民健身计划纲要》，号召全社会广泛开展全民健身运动。目前，全民健身运动在全国范围内蓬勃发展，具有中国特色的全民健身体系的框架已经初步形成。全民健身运动的开展，有利于提高人们的生活质量，丰富业余文化生活，促进社会进步，有利于加强社会主义精神文明和物质文明建设，提高我国的综合国力，振奋民族精神。

柔道运动是很好的健身方法，实用性也很强，但对身体素质的要求较高，一般都是青壮年在习练。但作为竞技体育项目的一种，我国柔道技术水平的发展是十分显著的。

起源与发展

中国女子柔道队一直名将辈出，特别是高级别的比赛，几乎垄断了国际赛场。1986年，在第4届世界女子柔道锦标赛上，我国选手高凤莲夺取72公斤级以上金牌，这是我国柔道运动员获得的第一个世界冠军。1992年巴塞罗那奥运会以后，我国选手庄晓岩、孙福明、袁华、唐琳、冼东妹都先后赢得奥运冠军。在2008年北京奥运会上，我国选手佟文、杨秀丽、冼东妹更是摘取了3个级别的金牌。

❄ 国外趋势

目前，柔道已成为一项世界性的体育项目。在日本，柔道八段者约有150万人。世界上有超过2000万人习练柔道。作为传统项目，日本柔道一直保持着世界较高水平。

随着世界柔道运动加速普及和发展，尤其是欧洲一些国家将摔跤等技术结合到柔道中去，在创新中不断突破，使得中国、日本、欧洲"三足鼎立"的世界柔道格局已初见雏形。柔道运动技术的不断变化和提高，将使柔道运动不断向前发展。

第二节

场地和装备

柔道运动对场地和装备有一定要求。高质量的场地能够为运动提供安全保障，良好的装备是运动参与者发挥较高水平的保证。

▼ 规格

比赛场地面积最小为14米×14米，最大为16米×16米，场地必须是用榻榻米或类似榻榻米的适合材料铺设。

设施

红色标志

在比赛区中央相距 4 米处应分别标出 25 厘米长，6 厘米宽的红色标志，指出比赛者在比赛开始和比赛结束时的位置。红色标志应在主裁判右侧。

白色标志

在比赛区中央相距 4 米处应分别标出 25 厘米长，6 厘米宽的白色标志。当使用两个或两个以上相邻的比赛场地时，允许在两个场地之间共用 1 个不小于 3 米的安全区。白色标志应在主裁判左侧。

其他设施

柔道比赛仪器设备包括副裁判员用的特别轻便椅、显示运动员比赛情况的记分板、计时使用的计时器、计时员使用的手旗和通知主裁判员的计时信号等。

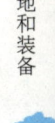

要求

（1）比赛场地颜色通常为绿色。

（2）比赛场地分为两个区域，区域之间应有一个约 1 米宽、通常为红色的危险区。危险区与比赛场地四周平行，并构成整个比赛场地的一部分。危险区以内并包括危险区称为比赛区，其面积最小为 9 米×9 米，最大为 10 米×10 米。危险区以外称为安全区，其宽度约 3 米（不能小于 2.5 米）。

（3）比赛场地必须设在有弹性的地板或后台上。在比赛场地周围要保留一个不小于 50 厘米的空间。

装备

服装

柔道衣分为上衣、下衣（裤子）、腰带。

上衣

柔道服上衣的长度须能盖住大腿；当双臂从体侧向下完全伸直时，柔道服上衣的长度至少应超过双拳。上衣左襟压右襟，应足够宽大，其前襟在胸前的重叠部分应至少为 20 厘米。上衣的袖长最长可到腕关节，最短距腕关节不得超过 5 厘米，在衣袖和臂之间应有 10～15 厘米的空隙。

下衣(裤子)

裤子的长度应盖住双腿，最长的可到踝关节，最短的不得超过 5 厘米，在裤子和腿之间应有 10～15 厘米的空隙。

腰带

腰部系一条宽 4～5 厘米的腰带，其颜色代表运动员的段位。腰带的长度要绕腰两周用方结系好后，两端各留 20～30 厘米的空余。

要求

（1）在练习和比赛柔道时，必须赤足穿柔道衣进行；

（2）女子运动员须在柔道服内穿一件白色或灰白色的 T 恤衫，或穿一件白色或灰白色短袖紧身衣，其长度须能把下摆系在裤子里；

（3）参加比赛的运动员的柔道服，一方为蓝色，另一方为白色柔道；

（4）柔道衣各部位的名称有，左里领、左前领、左里袖、左中袖、前腰带、左横带、左袖口、左内裆、裤腿口、左横领、后领、左后带和后腰带等，右面各部位名称与左面相同。

第二章　运动保健

　　体育运动对增强体质、预防疾病和促进健康具有良好的作用。但是，并非所有人从事相同的运动都会达到同样的效果。对于同一种运动负荷，不同人机体的反应差异是很大的，即使同一个体，在不同时期、不同机能状态下，对同一负荷的反应及效果也是不一样的。因此，对于不同个体，应制定适合其机能需要的运动强度、时间、频率和持续周期。从事体育锻炼一定要讲究科学性，使机体最大限度地获得运动价值，使某些疾病得到有效的防治。

第一节

自我身体评价

自我身体评价是指根据个体的不同情况以及简单的功能评定标准，对锻炼者进行身体评价，并以此为依据，确定具体的锻炼内容。

 适宜人群 ◆◆◆◆◆◆◆

体适能是全身适应性的一部分，是人体精神和体力对现代生活的适应能力。为了促进健康，预防疾病，提高生活质量和工作学习效率，几乎所有人都可以追求健康的体适能，而且经过简单的评价和测试，均可以成为目标人群，即适宜人群。

 健康体适能评价标准

健康体适能是指身体有足够的活力和精力处理日常事务，而不会感到过度疲劳，并且还有足够的精力去享受休闲活动和应对突发事件。

健康体适能是确定锻炼者是否为运动适宜人群的主要依据。目前的评价标准主要包括国民体质测定标准、学生体质测定标准和普通人群体育锻炼标准等。

国民体质测定标准主要包括形态指标、机能指标和素质指标 3 个部分，各项指标的测定结果均为 1～5 分，共 5 个级别。凡各项指标达不到 4 分或 5 分者，均应被纳入健身人群。

学生体质测定标准分为优秀、良好、及格和不及格 4 个级别。优秀水平以下者，均应被纳入健身人群。

普通人群体育锻炼标准分为 5 个级别，凡达不到 4 分或 5 分者，均应被纳入健身人群。

简易运动功能评定

简易运动功能评定的目的在于确定运动对象有无运动禁忌症或临时运动禁忌的情况，即是否适合参加体育锻炼，以达到防备万一，避免意外事故发生的目的。目前通行的方式是3分钟踏台阶测试。

目的

测试锻炼者运动后心率恢复的情况，以评估其心肺功能。

器材 见图 2-1-1

30 厘米高的长凳、节拍器、秒表和时钟。

图 2-1-1

步骤 见表 2-1-1

（1）节拍器设定为每分钟 96 次，锻炼者依"上上下下"的节拍运动 3 分钟。

（2）锻炼者完成 3 分钟踏台阶后，5 秒钟内开始测量其脉搏，时间为 1 分钟，记录其心率，并依据下表评价其功能水平。

（3）运动后心率越低，证明其心肺功能越好。在运动强度允许的范围内，锻炼者可选择运动强度的较高值来进行运动。

表 2-1-1　　3 分钟台阶测试评价表

	年龄(岁)	欠佳(次)	尚可(次)	一般(次)	良好(次)	优异(次)
男士	18~25	>115	105~114	98~104	89~97	<88
	26~35	>117	107~116	98~106	89~97	<88
	36~45	>119	112~118	103~111	95~102	<94
	46~55	>122	116~121	104~115	97~103	<96
	56~65	>119	112~118	102~111	98~101	<97
	65+	>120	114~119	103~113	96~102	<95
女士	18~25	>125	117~124	107~116	98~106	<97
	26~35	>128	119~127	111~118	98~110	<97
	36~45	>128	118~127	110~117	102~109	<101
	46~55	>127	121~126	114~120	103~113	<102
	56~65	>128	118~127	112~117	104~111	<103
	65+	>128	122~127	115~121	101~114	<100

如受试者经过努力仍无法完成测试，或出现头晕、胸闷、出冷汗等症状，应终止测试。运动中应特别考虑运动强度，以防出现意外。

锻炼目标

锻炼目标应根据个体不同的身体状况来确定，可分为近期目标和远期目标。此外，确定锻炼目标还应结合锻炼者的运动意向、愿望和兴趣以及本人的健康状况、疾病程度等因素。

近期目标

近期目标是指锻炼者近期应达到的目标。在进行运动之前，应首先明确锻炼目标，即近期目标。选择一两个健康体适能构成要素，作为未来两个月内努力完成的目标，而且应从成功概率较高的构成要素开始，并将预期两个月后要达到的目标做上记号，如提高某个或某些关节的活动幅度，增强某个肌肉群的力量等。

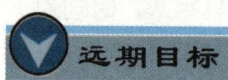

远期目标

远期目标是指锻炼者最终要达到的目标。实践证明，经过科学合理的锻炼后，锻炼者是可以达到一般的远期目标的，如提高心肺功能，使其达到优秀的等级，或达到降血脂、防治高血压和冠心病的目的等。

运动负荷

运动负荷即运动量。怎样控制运动量，合适的运动时间是多少等，一直是人们争论不休的问题。但有一点是可以肯定的，那就是任何有关身体活动的意见和建议，都需要综合考虑锻炼者的身体状况和所要达到的目标，并以此为依据来制订科学的身体锻炼计划。

运动强度

运动过程中，运动强度过小，达不到锻炼的效果；运动强度过大，不仅达不到最佳的锻炼效果，还可能产生一些副作用，甚至出现意外事故。确定运动强度有两种方法。

心率简易推测法

(1)年龄在 20 岁左右的年轻人，身体健康，能坚持体育锻炼，欲进一步提高身体机能，可取最大心率值(最大心率值＝220－年龄)的 65%～85%。

(2)年龄在 45 岁以下，身体基本健康，有运动习惯者，开始进行健身锻炼，可取最大心率值的 65%～80%，没有运动习惯者，开始进行健身锻炼，可取最大心率值的 60%～75%。

(3)年龄在 45 岁以上，身体基本健康，有运动习惯者，开始进行健身锻炼，可取最大心率值的 60%～75%，没有运动习惯者，建议根据自身情况咨询专业人员来指导和确定运动强度。

主观感觉疲劳分级表推测法　见表 2-1-2

运动的疲劳程度大致分为 10 级,具体为:0～1 级,没感觉;2～3 级,尚轻松;4～5 级,稍累;6～7 级,累;8～9 级,很累;10 级,精疲力竭。因此,健身锻炼的运动强度应控制在主观感觉疲劳程度的 4～7 级。

表 2-1-2　主观感觉疲劳分级表

0 轻松	•	2 尚轻松	•	4 稍累	•	6 累	•	8 很累	•	10 精疲力竭

 运动频率

运动频率是指每日及每周锻炼的次数。一般每周锻炼 3～4 次，即隔日锻炼 1 次即可。有充足的休息时间，可使身体得到充分的休息，收到更好的锻炼效果。

 运动持续时间

运动强度和运动持续时间，决定了一次锻炼的运动量和热量消耗。运动持续时间与运动强度成反比，运动强度大，运动持续时间可相应缩短，运动强度小，则运动持续时间应相应延长。

一般的健身锻炼，运动持续时间以每天 20～60 分钟为宜，其中包括准备活动时间、健身锻炼时间和整理活动时间。每次健身锻炼应在 20 分钟以上，锻炼可一次性完成，也可分段进行，但每段的活动时间应在 10 分钟以上。

第二节

运动价值

运动价值一直是人们探讨的问题，一般认为运动具有两方面的价值，即健身价值和心理价值。身体和精神的健康是相互依存的，伴随着身体功能的改善，精神状况逐渐也能同时得到改善。

 **健身价值** ◆◆◆◆◆◆◆

健身价值在于提高体适能。体适能包括心肺耐力素质、肌肉力量素质、柔韧性素质和身体成分等。体适能的发展是积极从事锻炼的结果，只有规律性的体育锻炼才能达到最佳的体适能。

提高心肺耐力素质

心肺耐力是指全身肌肉进行长时间运动的持久能力，是体内心肺系统对身体各细胞的供氧能力。人体的心脏、肺、血管、血液等组织的功能是心肺耐力的基础，它们与氧气和营养物质的输送以及代谢物的清除有关。健全的心肺功能是健康的基本保证。

系统的体育锻炼，可以使心肌增厚，收缩力加强，心室容积增大，从而使心脏的泵血功能增强，表现为心血输出量增加。

系统的体育锻炼，呼吸系统机能也将得到提高，表现为呼吸肌的力量增强，肺活量、肺通气量明显增加，保证对机体供氧的能力。

系统的体育锻炼，可以促进血管系统的形态、机能和调节能力产生良好的适应力，从而提高机体的工作能力。

系统的体育锻炼，可以使血液系统产生某些适应性变化，如血容量增加、血黏度下降、红细胞膜弹性增强和红细胞变形能力增强等。

 提高肌肉力量素质

肌肉力量是指肌肉最大收缩产生的对抗阻力或负荷的能力。肌肉力量只有达到一定的程度，才能克服外界阻力，而克服外界阻力是维持日常生活自理、从事各种劳动和运动的必要前提。

系统的体育锻炼，可以提高肌肉的生理横断面积，可以改善神经系统对肌肉收缩的支配功能，还可以提高肌肉内代谢物质的储备量，使肌肉力量得到提高。

 提高柔韧性素质

柔韧性是指人体各关节的活动幅度，即关节的肌肉、肌腱和韧带等软组织的伸展能力。柔韧性对于保证正常生活质量、维持正常体态、预防损伤发生和减轻损伤程度等方面均起到至关重要的作用。

系统的体育锻炼，还可以延缓因年龄因素而导致的柔韧性下降，预防因缺乏运动而导致的关节结构、周围软组织和膝关节肌肉退化，从而使锻炼者

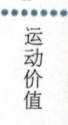

运动价值

的日常生活、劳动和运动等更加充满活力。

改善身体成分

身体成分是指人体体重中的脂肪组织和去脂组织的重量百分比。身体成分中的脂肪成分增加，肌肉成分必然下降。身体中不具备收缩功能的脂肪组织增加，必然导致身体进行各种活动的能力下降，基础代谢水平降低，肥胖症、冠心病、高血压、糖尿病、高血脂等慢性疾病发病率的提高。因此，身体成分是保证人体健康的重要内容之一。

通过系统的体育锻炼，随着锻炼者体质的增强，热量消耗便随之增加，进而燃烧掉体内多余的脂肪，使身体成分得到改善。而身体成分的改善，又可以减少体重对关节可能带来的不利影响，还可以使肥胖者的心理状况得到改善，增强其自信心，使其逐步建立起健康的生活方式。

心理价值

研究证明，有规律的体育锻炼不但可以使锻炼者增强体质、促进身体健康、预防一些慢性疾病，还可以提高锻炼者的生活满意度和生活质量，对其心理健康产生积极影响。

体育锻炼的心理健康效应主要表现在六个方面：

改善情绪状态

短期效应

研究发现，体育锻炼对人的情绪状态具有显著的短期效应。运动后人们的焦虑、抑郁、紧张和心理紊乱等症状会明显减轻，而精力和愉快程度则会明显增强。而且这种情绪的迅速变化，与锻炼者个体的健康状况、活动形式和活动强度等有着直接的联系。

长期效应

体育锻炼对人情绪的长期效应有着直接的影响，与不锻炼者相比，有规律的锻炼者在较长时期内很少会产生焦虑、抑郁、紧张和心理紊乱等情绪。

运动保健

完善个性行为特征 见表 2-2-1

人们的行为特征一般可以分为两种类型，用 A 型行为特征和 B 型行为特征来表示。A 型行为特征主要表现为性情急躁、争强好胜、容易激动、整天忙碌和做事效率高等。B 型行为特征主要表现为不好竞争、不易紧张、不赶时间、对人随和、喜欢自由自在等。具有 A 型行为特征的人由于过度紧张的情绪反应，会引起内分泌失调，增加心脏病发病的概率。目前的一些研究主要集中在体育锻炼对改变 A 型行为特征的作用方面。研究结果表明，有规律的体育锻炼能明显改变 A 型行为特征。

表 2-2-1  A、B 型个性行为特征常见表现

A 型行为特征者常见表现	B 型行为特征者常见表现
约会从来不迟到	对约会很随便
竞争意识很强	竞争意识不强
别人要讲话时总爱抢先或插话	是别人讲话时很好的听众
总是匆匆忙忙	即使有压力也从不匆忙
等待时缺乏耐心	能够耐心等待
干事时全力以赴	处事漫不经心
同时想干很多事	在一段时间里只干一件事情
讲话喜欢用加强语气，甚至敲桌子	讲话语速缓慢、不慌不忙
做了好事希望能得到别人的认可	只要自己满意即可，不管别人怎样想
吃饭、走路都很快	做事情很慢
不善与人相处	为人随和
容易暴露自己的感情	能控制自己的感情
具有广泛的兴趣	没什么业余爱好
雄心壮志	满足于目前的工作和学习状况

 **确立良好自我概念**

自我概念是指个体对自己身体、思想和情感的主观整体评价，它由许多自我认识组成，包括我是什么人、我主张什么和我喜欢什么等。

坚持体育锻炼，可以使锻炼者体格强健、精力充沛、提高驾驭身体的能力，从而改善对自身的满意程度，确立良好的自我概念。

 改变睡眠模式

根据脑电图的显示，人的睡眠可以分为两种状态，即慢波睡眠状态和快波睡眠状态。前者为浅度睡眠状态，后者为深度睡眠状态。一夜之间两种睡眠状态会交替发生 4～5 次。

有规律的体育锻炼不仅对慢波睡眠有促进作用，而且能缩短入眠的潜伏期，并延长睡眠的时间。

 改善认知能力

体育锻炼还能改善人的认知过程，避免反应时间过长、注意力不集中和思维混乱等症状的发生，尤其对老年人的认知能力改善效果更为明显。

 增加心理治疗效应

体育锻炼被公认为是一种心理治疗的好方法。目前人群中常见的心理疾患是抑郁症和焦虑症。研究发现，体育锻炼是治疗抑郁症的有效手段之一，抑郁症患者经过有规律的体育锻炼，抑郁症状能明显减轻。

体育锻炼还具有治疗焦虑症的作用，通过有规律的体育锻炼，可以使锻炼者的焦虑症状明显改善。

第三节

运动保护

在运动过程中，人体机能会随时发生变化。因此，应针对这种机能变化的特点来进行体育锻炼，也就是我们所说的运动保护。运动保护一般包括运动前准备、运动后放松和自我养护三个方面。

 运动前准备

准备活动是指在正式运动之前进行的有目的的身体练习。做好充分的准备活动，可以缩短机体进入最佳状态的时间，同时还可以预防运动损伤的发生，为机体发挥最大的工作效率做好功能上的准备。

 准备活动的作用

提高中枢神经系统兴奋状态

(1)使大脑反应速度加快，参加活动的运动中枢神经相互协调。

(2)为正式运动时生理机能达到适宜程度提前做好准备。

提高机体代谢水平

(1)准备活动可以使锻炼者体温升高，降低肌肉黏滞性，使肌肉的伸展性、柔韧性和弹性增强，从而有效预防运动损伤的发生。

(2)准备活动可以增强体内代谢酶的活性，使物质代谢水平提高，以保证运动时有较充分的能量供应。

克服内脏器官生理惰性

(1)准备活动可以提高心血管系统和呼吸系统的机能水平,使肺通气量及心血输出量增加。

(2)可以使心肌和骨骼肌的毛细血管扩张,使其工作肌获得更多的氧,从而克服内脏器官的生理惰性,使之尽快达到最佳状态。

增加皮肤毛细血管的血流量

准备活动可以使皮肤毛细血管的血流量增加，运动后毛细血管扩张，有利于散热，降低体温，有效防止开始正式活动时由于体温过高而影响运动能力。

 准备活动要求

准备活动时间

(1)准备活动的时间可以根据运动项目的具体情况确定，一般以10～30分钟为宜。

(2)准备活动与正式运动的间隔时间，一般以不超过 15 分钟为宜，可以在做完准备活动后立刻进行正式运动。

運動保護

准备活动强度

(1)准备活动的强度和量应较正式运动小，以免引起不必要的疲劳。

(2)准备活动的量可以由心率来决定，心率以100～120次／分为宜。

准备活动内容

一般性准备活动

一般性准备活动的内容多以伸展运动开始，然后进行一般性的跑步、徒手体操等活动。

下面介绍一套常用的一般性准备活动操，供锻炼者运动前使用。这套活动操主要包括头部运动、肩部运动、扩胸运动、体侧运动、体转运动、髋部运动和踢腿运动等。

头部运动

头部运动的动作方法（见图 2-3-1）：两手叉腰，两脚左右开立，做头部向前、向后、向左、向右，以及绕环运动。

图 2-3-1

肩部运动

肩部运动的动作方法（见图 2-3-2）：手扶肩部，屈臂向前、向后绕环，以及直臂绕环。

扩胸运动

扩胸运动的动作方法（见图 2-3-3）：屈臂向后振动及直臂向后振动。

体侧运动

体侧运动的动作方法（见图 2-3-4）：两脚左右开立，一手叉腰，另一臂上举，并随上体向对侧振动。

体转运动

体转运动的动作方法（见图 2-3-5）：两脚左右开立，两臂体前屈，身体向左、向右有节奏地扭转。

髋部运动

髋部运动的动作方法（见图 2-3-6）：两脚左右开立，两手叉腰，髋关节放松，向左、向右 360 度旋转。

图 2-3-2

图 2-3-3

踢腿运动

踢腿运动的动作方法（见图 2-3-7）：两臂上举后振，同时一腿向后半步，重心置于前腿，两臂下摆后振，同时向前上方踢腿。

图 2-3-4

图 2-3-5

图 2-3-6

图 2-3-7

专门性准备活动

专门性准备活动的动作方法、节奏和强度等与正式锻炼相似，目的是使人体主要肌群在运动前得到动员，为正式锻炼做好准备。

运动后放松是指运动之后所进行的一些能够加速机体功能恢复的、较轻松的身体活动。与运动前准备活动相反，其目的是使锻炼者的生理机能水平逐步得到恢复。

放松方法

运动性手段

（1）运动结束后，锻炼者可采用变换运动部位的方法来消除疲劳，如上肢出现疲劳时可做一些慢跑运动，下肢出现疲劳时可做一些上肢运动。

（2）转换运动类型也是一种不错的放松方法，如打羽毛球出现疲劳时，可从事瑜伽运动来达到放松的目的。

（3）还可以用调整运动强度的方法来缓解疲劳，如可以在放松过程中，采用小强度的轻微运动方法等。

整理活动 见图 2-3-8

（1）整理活动是指运动后所做的一些能够加速机体功能恢复的身体活动，如剧烈运动后进行 3～5 分钟慢跑或其他整理活动，使身体机能得以恢复。

（2）剧烈运动后如不做整理活动而骤然停止动作，会影响氧气的补充和静脉血的回流，使机体血压降低，引起不良反应。

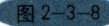
图 2-3-8

注意事项

(1)在进行整理活动时动作应缓慢、放松，运动量不要过大，否则会引起新的疲劳。

(2)在进行整理活动时，应当保持心情舒畅、精神愉快。

自我养护

锻炼后，锻炼者感觉身体疲劳是一种正常的生理现象，是体育锻炼过程中的正常反应，随着体育锻炼时间的延长，疲劳症状会自然消失。运动性疲劳出现后，锻炼者如果采用一些自我养护措施，可以加速身体机能的恢复，尽快消除疲劳，提高锻炼效果。常见的自我养护方法主要包括运动后休息、合理营养和物理手段等三种。

运动后休息

静止性休息　见图 2-3-9

(1)静止性休息是指锻炼者运动后保持机体相对的静止状态，以促进身体机能的恢复，尽快消除疲劳。

（2）静止性休息的最佳方式之一是睡眠，特别是刚开始从事锻炼者，身体不适应或疲劳症状明显时，更应该保证足够的睡眠，否则，锻炼者虽然积极参加了体育锻炼，但收效甚微，甚至会导致过度疲劳症状的发生。

（3）静止性休息更适合于消除全身运动导致的整体疲劳症状。

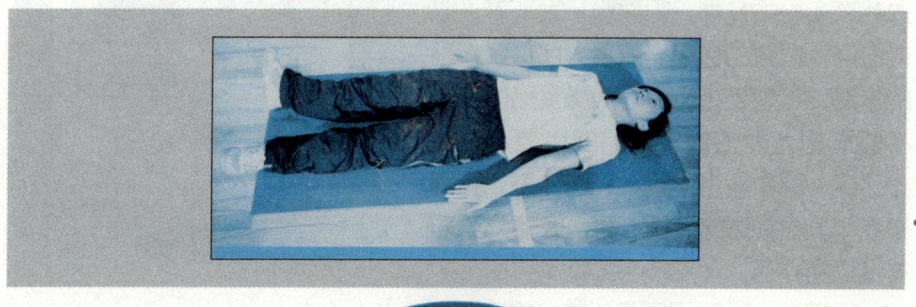

图2-3-9

积极性休息　见图2-3-10

（1）积极性休息更适合由于少量肌肉群参与工作而导致的局部疲劳，或运动强度较大而导致的快速疲劳。

（2）积极性休息可以加速血液循环，有利于代谢物排出体外，对促进身体机能的恢复具有明显的效果。

图2-3-10

合理营养 见图2-3-11

图2-3-11

小强度、长时间的运动形式，主要是靠糖原的有氧代谢提供能量。运动后应及时补充淀粉类食物，如面粉、大米等，以促进消耗糖原的合成。随着人民生活水平的提高，在饮食结构中，肉类食品的比重不断增加，而淀粉类食品的比重逐渐减少，这一现象应当引起人们的注意，特别是老年人参加体育锻炼，更应注意对淀粉类食物的补充。

强度较大、时间又相对较长的运动形式，主要是靠糖原的无氧代谢提供能量。这样，糖原无氧代谢产物——乳酸便会在体内大量堆积。因此，运动后应多补充蔬菜、水果等碱性食品，以加速乳酸的清除，达到尽快消除疲劳的目的。

物理手段

按摩及牵拉 见图2-3-12

(1)通过刺激神经末梢、皮肤结缔组织和毛细血管的按摩方法，可以使紧张的肌肉得以放松，从而改善局部组织和全身的血液循环，达到促进身体机能恢复的目的，这种方法可以在锻炼后马上进行。

(2)此外，还可以采取缓慢牵拉肌肉的方法，使收缩的肌肉得到充分的伸展放松。

水疗及电疗

(1)水疗包括芬兰式蒸汽浴、热水浴和桑拿浴等多种形式，主要作用是通过提高体温，促进血液循环，清除代谢物，以达到尽快消除疲劳、恢复体力的目的。

(2)水疗的时间一般以不超过30分钟为宜，如果时间过长，会进一步消耗体力，严重时甚至会出现暂时性脑缺血现象。

（3）如果条件允许，还可对疲劳的肌肉进行低频治疗。低频治疗仪的原理是模拟针灸疗法，使用时将电极用不干胶对称地粘贴在运动部位表皮上。这种疗法可以促进局部血液循环，改善组织代谢，缓解肌肉酸痛，消除疲劳。

图 2—3—12

第三章 基本技术

　　练习柔道，首先就是要了解柔道的基本技术，这是保证柔道训练的正规性和高水平对抗性的基础。柔道的基本技法训练主要包括基本手法、抓法，姿势、交手和步法、破势三大类别。学习柔道技术之前必须先练习柔道的基本动作，在保证基本动作正确和充分练习的基础上才能达到学成的目的。这对将来技术的进步具有很大的影响。

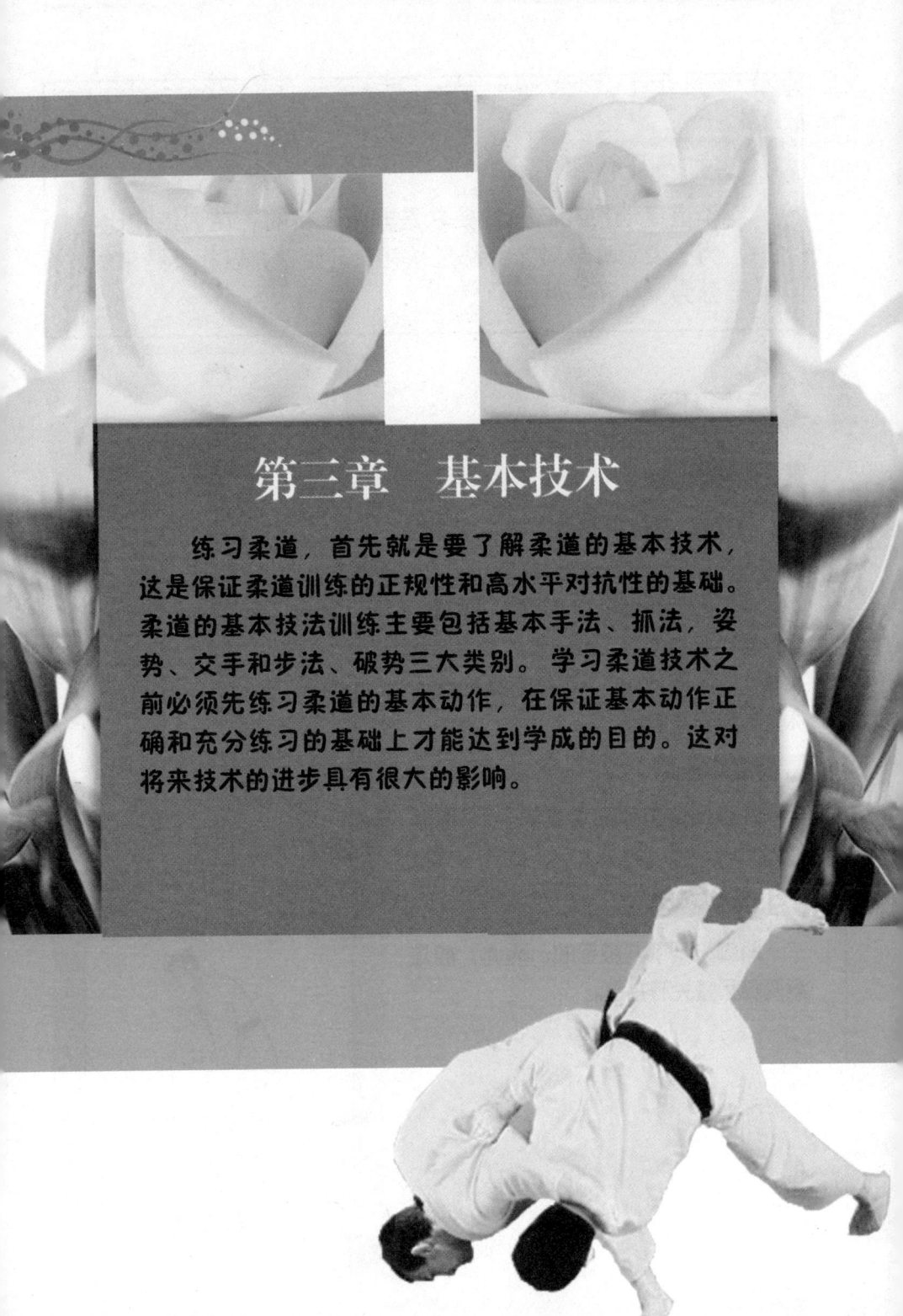

第一节

礼节

柔道运动在礼节上的要求是非常严格的。在训练和比赛时，为了表示尊敬对方，都是从礼节开始，并以礼节结束的。礼节分为立礼和坐礼。

动作方法 见图 3-1-1

（1）身体呈自然站立姿势，两脚脚跟相对并立直，两眼注视对方；

（2）将上体前屈约 30 度，两臂下垂，两手手指伸直，放在膝关节上方的大腿处，静止稍许，然后自然抬起上体，恢复到原姿势。

技术要点

注意保持自然站立姿势，两眼注视对方。

错误纠正

两脚分开或两膝弯曲。因此，应注意两脚和膝关节并直。

图 3-1-1

坐礼

坐下

动作方法 见图 3-1-2

从站立姿势开始，先单膝下跪，后呈双膝跪，把两脚脚尖重叠，挺胸，后坐呈跪坐姿势。

技术要点

下坐过程中两脚脚尖重叠。

错误纠正

腿跪地时两膝分开，身体弯曲，低头。因此，应注意两膝并拢，挺胸，抬头。

图 3-1-2

 正步

基本技术

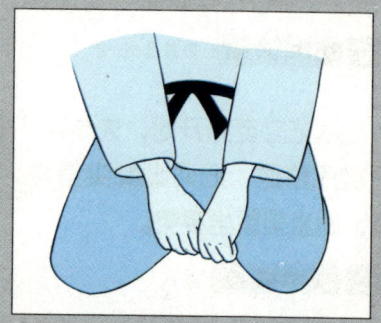

动作方法 见图 3-1-3

将两手手指并拢，放在两大腿内侧的腹股沟处。

技术要点

两脚的正确叠法是右脚拇趾压在左脚拇趾上。

错误纠正

全脚重叠、驼背含胸、侧身、垂肩或抬下颌。因此，应注意手指要自然并拢，右脚拇趾压在左脚拇趾上。

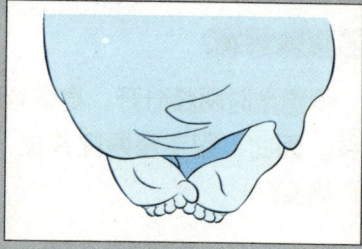

图 3-1-3

 行礼

动作方法 见图 3-1-4

（1）从正坐姿势开始，把两手放在膝前两拳远的位置上，手指并齐，两拇指、食指相对，距离约 6 厘米；

（2）自然地放在垫子上，将头轻轻地低到离两手约 30 厘米左右的距离处行礼，礼后起身呈正坐姿势。

技术要点

行礼过程中注意低头的幅度。

错误纠正

头部向下露出后头部，抬起下颌举目看对方。因此，应注意臀部紧贴脚跟，手指并齐，行礼时头自然轻低。

图 3-1-4

 起立

动作方法 见图 3-1-5

（1）由正坐姿势开始，直腰，先起右腿并将右脚置于原来放右膝略前的位置上；

（2）身体重心移到右脚上、起立，接着把左脚向前和右脚并立，恢复到开始的自然站立姿势。

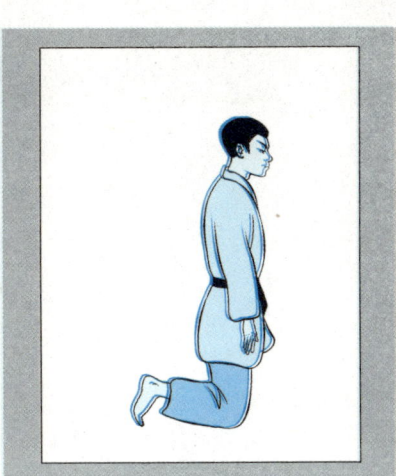

✿ 技术要点

注意行礼时的重心和态度。

✿ 错误纠正

在起立或坐下时，摇摆身体。因此，应注意动作一气呵成。

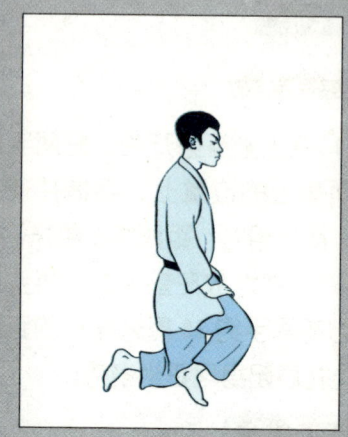

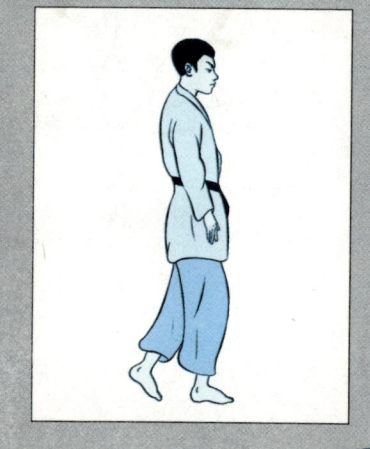

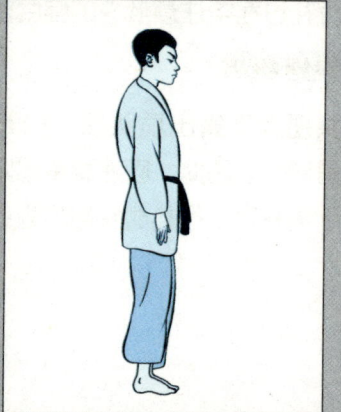

图 3-1-5

第二节

基本站立姿势

柔道的基本站立姿势是柔道的基础。它是在自然的姿势下,适应对方的进攻或进行防守的稳定姿势。在投技中采取何种姿势站立是非常重要的。

自然体

自然体,又称正自然体,是自然站立姿势,它是柔道站立的基本体势。它适合做各种敏捷的动作,稳定性好,不易疲劳,是对攻守双方都有利的基本姿势。自然体又可分为右自然体和左自然体。

自然体

动作方法 见图 3-2-1

(1)两脚在一条直线上,左右自然开立,两脚呈"八"字形,距离为一脚宽;

(2)两膝关节自然伸直,头部和躯干正直,两臂自然垂放在身体两侧,两眼目视前方。

技术要点

两脚始终在一条直线上。

错误纠正

两脚间隔过宽或过窄,低头、驼背或环看四周。因此,应注意身体自然站立,两脚距离为一足的长度,两脚在一条直线上。

图 3-2-1

左自然体

动作方法 见图 3-2-2

从自然体站立姿势开始，左脚向左前方迈出一步，成为身体左侧向前的站立姿势。

技术要点

出腿时，两腿膝盖弯曲呈 150 度，保持重心。

错误纠正

两腿直立，挺胸展腹，重心失衡。因此，应注意两肩臂放松，收腹，收颏。

图 3-2-2

 右自然体

动作方法 见图 3-2-3

从自然体站立姿势开始，右脚向右前方迈出一步，成为身体右侧向前的站立姿势。

技术要点

出腿时，两腿膝盖弯曲呈 150 度，上体前倾，保持重心。

错误纠正

两腿直立，挺胸展腹，重心失衡。因此，应注意两肩臂放松，收腹，收颏。

图 3-2-3

 自护体

自护体，又称正自护体，它是柔道站立的基本防守姿势。自护体稳定性较自然体好，但易疲劳，以这个姿势前进、后退、移动，有利于做各种防守技巧动作。防守姿势是为了防备对方瞬间的进攻，在平常练习中应多采取自护体姿势。自护体又可以分为右自护体和左自护体。

 自护体

动作方法 见图 3-2-4

以自然体站立姿势开始，一脚向侧面迈出一步，双脚的间距约为两脚宽，呈半蹲姿势。

技术要点

重心在两腿之间，两腿膝盖弯曲呈 45 度，含胸收腹。

错误纠正

两腿直立，挺胸展腹，失去重心。因此，应注意两肩臂放松，含胸收腹，保持重心稳定。

图 3-2-4

 右自护体

动作方法 见图 3-2-5

从自然体站立姿势开始，右脚向右前方迈出一步，成为身体右侧向前的半蹲站立姿势。

技术要点

两脚距离加宽，出右腿膝盖弯曲呈135度，含胸收腹，降低身体重心。

错误纠正

出右腿时，膝盖没有弯曲，重心失衡。因此，应注意出腿时膝盖弯曲，上体保持平衡，身体前倾。

图 3-2-5

 左自护体

动作方法 见图 3-2-6

与"右自护体"动作相反。

技术要点

两脚距离加宽，两膝弯曲，降低身体重心。

错误纠正

出右腿时，膝盖没有弯曲，重心失衡。因此，应注意出腿时膝盖弯曲，降低身体重心，身体前倾。

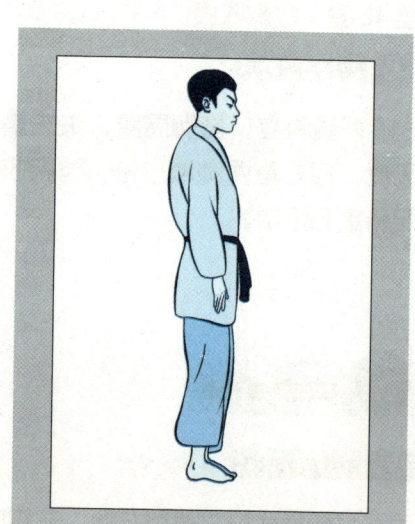

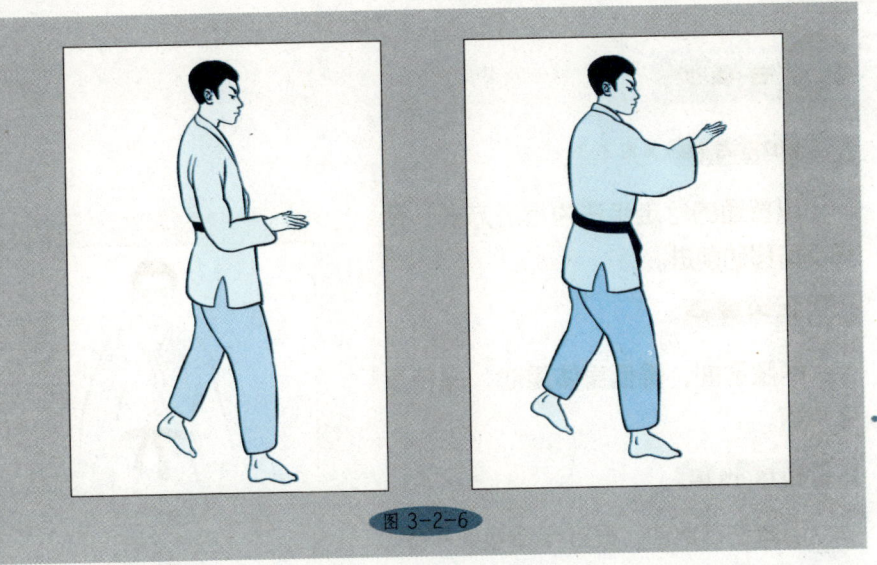

图 3-2-6

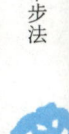

第三节
基本步法

　　步法是进攻和防守的重要基础。在实战中双方互用技术时，为了能更好地发挥水平，就要选择好位置，适时改变身体的方向，以便使对方失去平衡，而这些都要靠正确、熟练、轻快的步法移动来完成。

基本步法

　　柔道的基本步法有普通步、前进步（跟步）、后退步、横跨步、左（右）斜前进步、左（右）斜后退步、上步、撤步和背步（倒插步）等。

▼ 普通步

✳ **动作方法** 见图 3-3-1

　　以普通的行走步法为行进方式，两脚交替移动前进。

✳ **技术要点**

　　两膝弯曲，降低身体重心，保持身体平衡。

✳ **错误纠正**

　　上体左右摆动，很难保持身体平衡。因此，应注意两膝弯曲呈 135 度，保持上肢平衡。

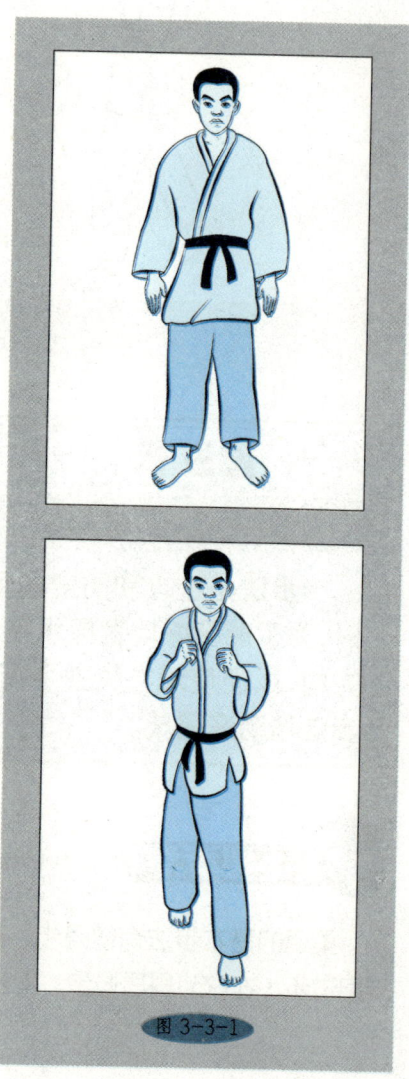

图 3-3-1

基本技术

 前进步

动作方法 见图 3-3-2

（1）以右自然体站立姿势开始，先迈右脚，左脚跟着前进一步；

（2）保持右脚在前，左脚在后的身体姿势和两脚距离；

（3）依照右脚在前，左脚在后的跟进方法前进。

技术要点

两膝弯曲，降低重心，上体保持平衡。

错误纠正

左脚跟步过大，和右脚呈平行步。因此，应注意保持左脚跟在右脚后边，呈丁字步，目视前方。

图 3-3-2

后退步

动作方法 见图 3-3-3

与"前进步"的动作相反。以右自然体站立姿势开始，先退左脚，再后退右脚。

技术要点

两膝弯曲，降低重心，上体保持平衡。

错误纠正

左脚跟步过大，和右脚呈平行步。因此，应注意两脚呈丁字步，目视前方。

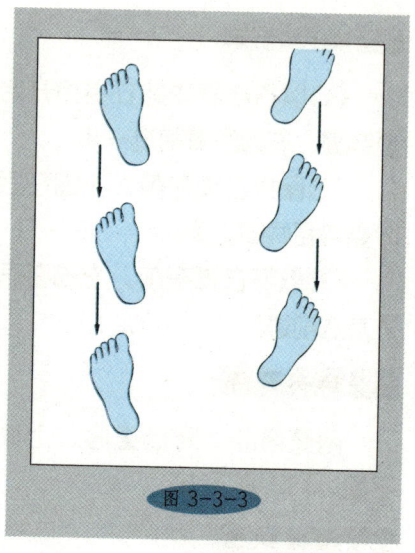

图 3-3-3

横跨步

动作方法 见图 3-3-4

两脚左右开立，左（右）脚向左（右）侧横跨一步，右（左）脚也随着向左（右）侧跟进一步。

技术要点

两膝弯曲，降低身体重心，含胸收腹。

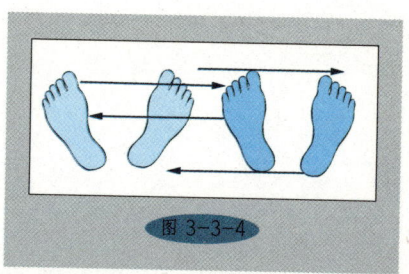

图 3-3-4

错误纠正

跨步时身体没有跟上，不能保持身体平衡。因此，应注意保持重心稳定。

▼ 左、右斜前进步

动作方法 见图 3-3-5

同"前进步",前进方向为左、右斜前方。

技术要点

两膝弯曲,降低重心,上体保持平衡。

错误纠正

身体前倾后仰。因此,应注意将重心保持在两脚之间。

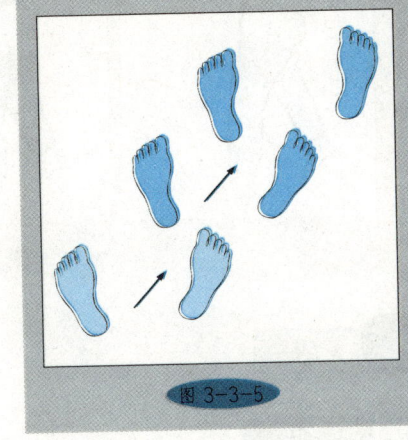

图 3-3-5

基本步法

▼ 左、右斜后退步

动作方法 见图 3-3-6

同"后退步",后退方向为左、右斜后方,先迈后脚,前脚跟着前进。

技术要点

两膝弯曲,降低重心,上体保持平衡。

错误纠正

方向向后。因此,应注意脚步的方向,保持身体的平衡。

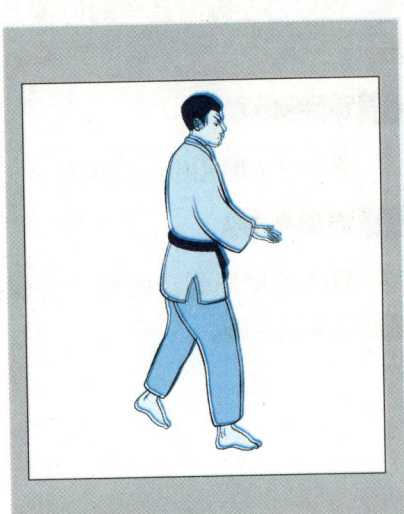

图 3-3-6

 上步

动作方法 见图 3-3-7

以自然体站立姿势开始，双方面对面站立，一方以右脚先向右前方迈一步，左脚跟着再迈一步的顺序，向对方左脚前直角的位置上移步。

技术要点

掌握好角度和步伐的距离。

错误纠正

身体前倾后仰。因此，应保持重心在两脚之间。

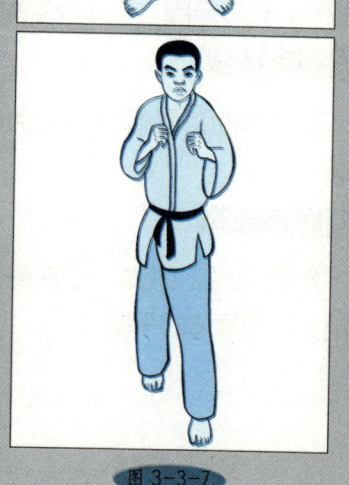

图 3-3-7

撤步

动作方法 见图3-3-8

　　双方面对面站立，一方以右脚掌
为轴，左脚撤步的顺序，向对方的左
脚前方移步，与对方身体呈直角的位
置。

技术要点

　　撤步时保持身体平衡，双膝略屈，
保持实战姿势。

错误纠正

　　身体前倾后仰。因此，应注意重
心保持在两脚之间，动作一气呵成。

基本步法

图3-3-8

 背步

基本技术

动作方法 见图 3-3-9

转体后呈背向对方站立。

技术要点

背步时，上步的脚支撑重心。

错误纠正

背步时驼背、低头、八字脚。因此，应注意两脚不要宽于肩，也不要低头。

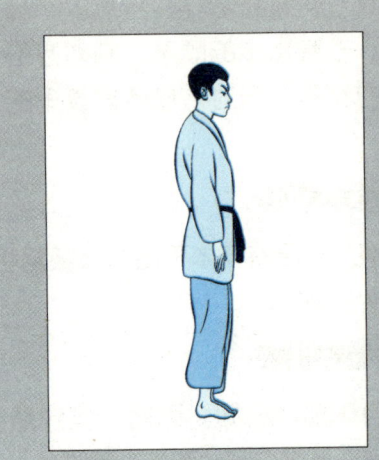

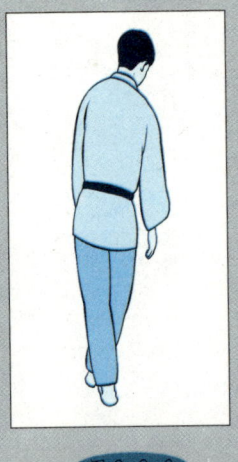

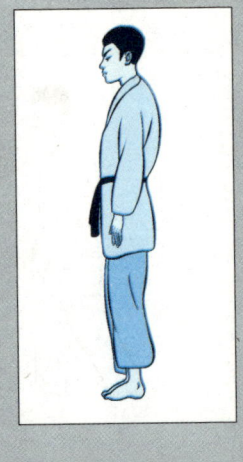

图 3-3-9

身体姿势与重心（八方破势）

为了在练习或比赛中能够科学、合理利用对方的身体姿势，使用进攻、防守、反攻技术，需要充分了解人体在站立时的不同姿势和身体重心位置的

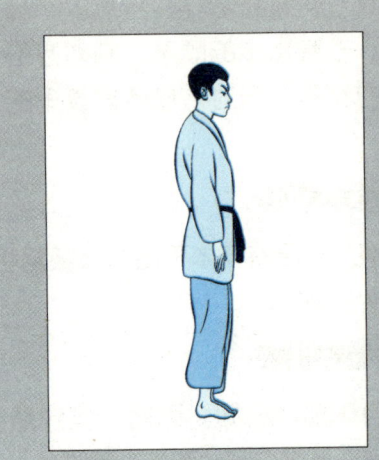

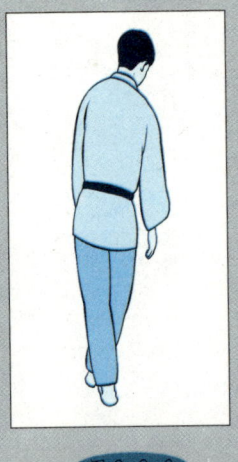

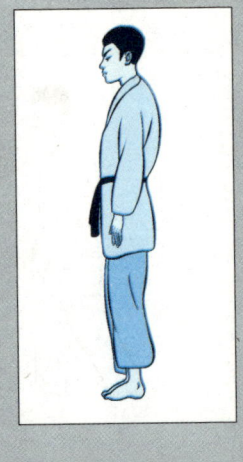

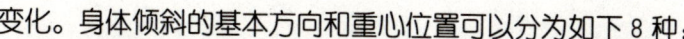

变化。身体倾斜的基本方向和重心位置可以分为如下 8 种：

（1）正前方，身体向正前方倾斜，身体重心在两脚尖上；

（2）右前方，身体向右前方倾斜，身体重心在右脚尖上；

（3）左前方，身体向左前方倾斜，身体重心在左脚尖上；

（4）右侧方，身体向右侧方倾斜，身体重心在右脚外侧；

（5）左侧方，身体向左侧方倾斜，身体重心在左脚外侧；

（6）右后方，身体偏右又向后倾斜，身体重心在右脚后跟上；

（7）左后方，身体偏左又向后倾斜，身体重心在左脚后跟上；

（8）正后方，身体向正后方倾斜，身体重心在两脚的后跟上。

第四节

自我保护

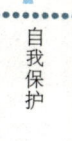

倒地自我保护方法，又称受身。被摔倒时通过倒地自我保护方法，能防止头、腰、膝、脚后跟等部位受伤，避免臂、肩、腿等处发生骨折、脱臼事故，掌握了这种方法，能有效地消除对倒地现象的恐惧心理，从而提高技战术水平。同时，在日常生活中可避免意外事故的发生。因此，进行柔道练习，首先要学会安全倒地。倒地方法，可分为后倒、侧倒、前倒和向前滚动倒地等 4 种类型。

后倒的倒地方法，有滚动后倒、坐立后倒、深（半）蹲后倒、站立后倒、前进（后退）后倒、加力后倒和前进跃起后倒等。

 滚动后倒

动作方法 见图 3-4-1

(1)呈坐姿后，臀部着地，两腿弯曲，两臂抱住大腿，上体前屈；

(2)两脚自然向上抬起，上体后仰，进行滚动时，滚动后利用反作用力恢复原位。

技术要点

(1)低头收颏，上体前屈，臀、腰、背、肩、颈部依次着地后滚，以保护后脑，减少垫子对身体的冲击力；

(2)以后腰带的部位为重心，在两脚有节奏的配合下进行来回滚动练习。

错误纠正

做时没有收颏、收腹，就无法滚动。因此，应注意滚动时低头收颏。

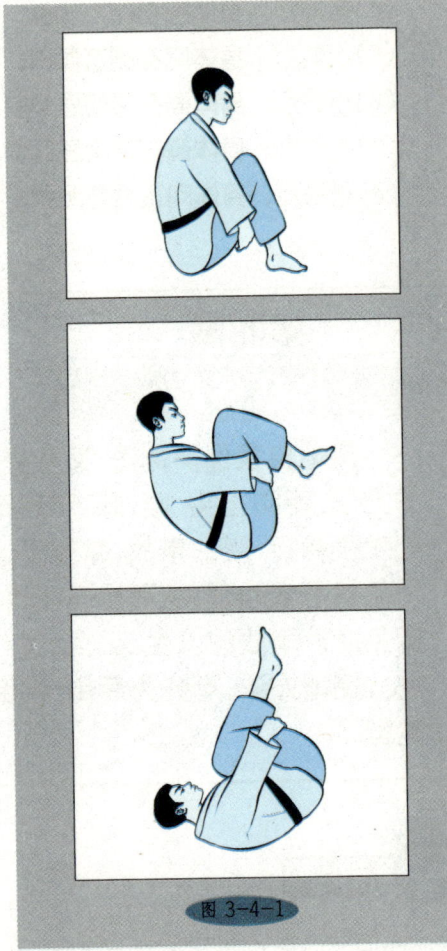

图 3-4-1

坐立后倒

图 3-4-2

动作方法 见图 3-4-2

(1)臀部着地，两腿并拢伸直，两臂前平举，手指向前，与肩同高；

(2)按滚动后倒的动作方法、要领向后滚动，两脚自然伸直向上；

(3)当后腰带着地时，两臂用力拍地，利用反作用力恢复到原来的姿势。

技术要点

(1)同"滚动后倒"；

(2)低头时，看腰带结，两手手背向上，手指伸直，两臂有节奏、准确地同时拍地；

(3)两臂和躯干的角度约为30～40度。

错误纠正

同"滚动后倒"。

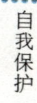

自我保护

▼ 深(半)蹲后倒

❈ 动作方法 见图 3-4-3

（1）两膝弯曲呈深（半）蹲姿势，两臂前平举与肩同高；

（2）上体后倒，两脚并拢屈膝；

（3）依次以臀、腰、背、肩、颈部着地的顺序后滚，两臂同时拍地。

❈ 技术要点

（1）与"坐立后倒"相同；

（2）深（半）蹲后倒时，臀部接近脚跟，减轻着地时对身体的冲击力。

❈ 错误纠正

蹲的不到位，两臂前平举的动作过高或过低。因此，应注意两膝呈深（半）蹲姿势，两臂前平举倒地的同时侧拍，和躯干呈45度角，头略抬起。

图 3-4-3

站立后倒

见图 3-4-4

动作方法

（1）从自然站立姿势开始，两臂前平举与肩同高；

（2）两膝弯曲，半蹲，用深（半）蹲后倒的方法后倒。

技术要点

（1）正确地从自然站立姿势至深（半）蹲姿势，向后滚动；

（2）与深（半）蹲后倒相同，臀部落在脚跟后，再向后滚动；

（3）拍地前，两臂保持前平举。

错误纠正

做时没有收颌、收腹，无法滚动。因此，应注意做动作的过程中收腹、收颌。

自我保护

图 3-4-4

▼ 前进(后退)后倒

 动作方法 见图 3-4-5

(1)从自然站立姿势开始,向前或后退一步(左腿先迈);

(2)然后用左脚支撑身体,右腿向前抬起,同时两臂前举;

(3)左膝弯曲半蹲,臀部落地,同时左、右脚伸直、并拢,向后倒地。

技术要点

(1)左脚支撑身体半蹲时,臀部要落于脚跟;

(2)与"站立后倒"相同;

(3)抬腿、伸脚、并脚要及时、协调。

错误纠正

动作不协调,无节奏,臀部离开脚跟。因此,应注意臀部要落于脚跟,收颏。

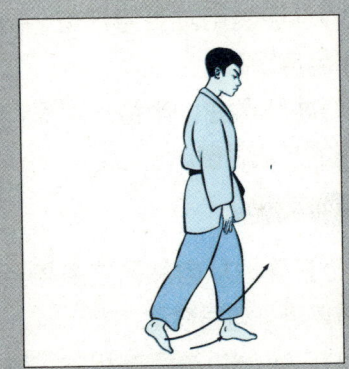

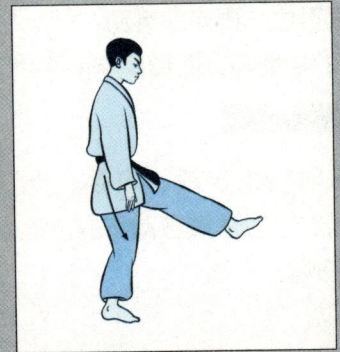

图 3-4-5

加力后倒

动作方法 见图 3-4-6

（1）两人以自然站立姿势面对面错位站立开始，一人向前迈步用右手推对方的胸部；

（2）以右、左、右上步顺序把对方推倒；

（3）被推一方后退两、三步时，有节奏地顺势后倒。

技术要点

（1）下蹲，缓冲推力，后倒；

（2）同"前进（后退）后倒"。

错误纠正

动作不协调，无节奏。因此，可利用对方的力量顺势向后倒，收颏。

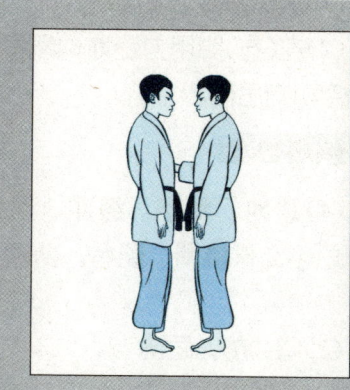

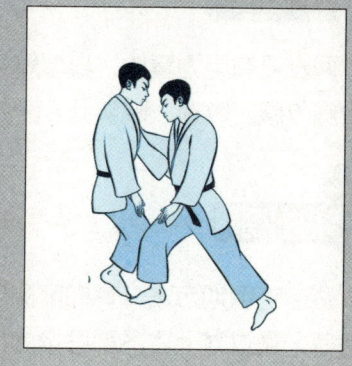

图 3-4-6

前进跃起后倒

动作方法 见图 3-4-7

（1）加快速度上步前进；

（2）左（右）脚用力蹬地，然后双脚同时腾空再向后倒。

技术要点

（1）蹬地、腾空、缓冲、落地、拍地、后倒动作协调、配合，两臂全臂拍地；

（2）同"加力后倒"。

错误纠正

图 3-4-7

两脚没有用力蹬地，身体腾空不起来。因此，应注意两脚用力蹬地，身体含胸收腹、收颌、收头。

侧倒

侧倒的倒地方法，有仰卧侧倒、坐立侧倒、蹲踞侧倒、站立侧倒、横移侧倒等。通过对上述各种后倒的倒地方法和技术的学习，为进一步学习其他倒地技术奠定了基础，下面对侧倒的倒地方法做简单叙述。

仰卧侧倒

动作方法 见图 3-4-8

（1）仰卧时两腿自然伸直，低头，收颌，同时抬举右臂和两脚；

（2）身体右侧卧，两腿自然伸直，右脚在前，左脚在后；

（3）右转体的同时，右臂拍地，两脚踏地，左手放在腹部，将身体恢复到仰卧姿势。

技术要点

（1）拍地时手臂和身体的角度为30～40度；

（2）两脚并齐自然伸直，在侧倒时两脚先后踏地。

错误纠正

身体仰面倒地。因此，应注意倒地时身体侧面着地，头部向右侧垫子倾斜，收腹、收颔。

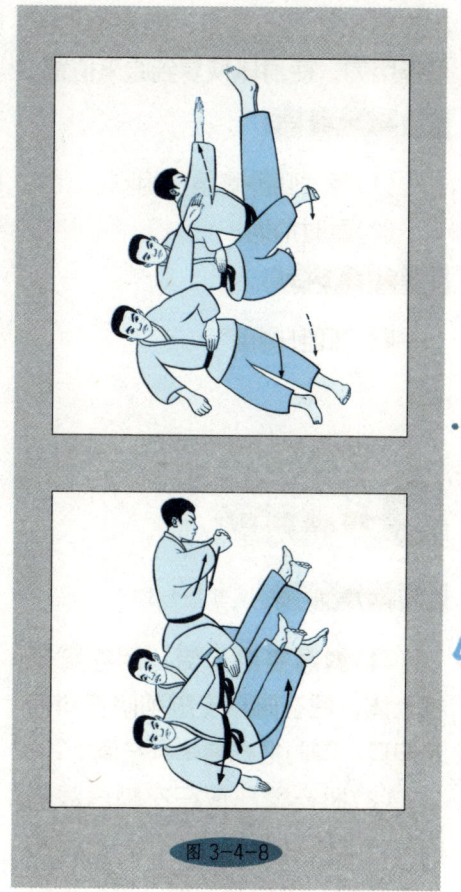

图 3-4-8

自
我
保
护

坐立侧倒

动作方法　见图 3-4-9

（1）从坐立姿势开始，把右手臂左前平举；

（2）把上体向右后方转，同时，两脚并齐向左上方举，按右后腰、右后背、右后肩的顺序依次倒地；

（3）上体后侧倒，当腰部着地时，

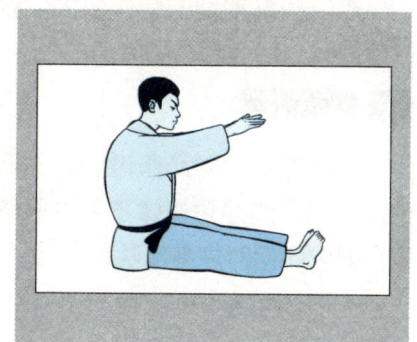

053

用右臂拍地呈右侧身，随着倒地的反作用力，使身体恢复到原来位置。

图 3-4-9

❀ 技术要点

（1）与"仰卧侧倒"相同；

（2）适时拍地。

❀ 错误纠正

同"仰卧侧倒"。

 蹲踞侧倒

❀ 动作方法　见图 3-4-10

（1）蹲踞姿势开始，用左脚支撑上体，把右脚从左脚前向左斜前方伸直，同时把右臂举到左肩上；

（2）把右臀部放在左脚后跟的内侧，上体向右斜后方倒，左脚和右脚并举，用右臂拍地，呈右侧倒姿势。

❀ 技术要点

右（左）臂拍地的动作要大，身体着地时，团身向右侧滚动。

❀ 错误纠正

左右臂拍地时动作过小，头略抬。因此，应注意身体不要过于僵硬，要求侧倒时注意低头。

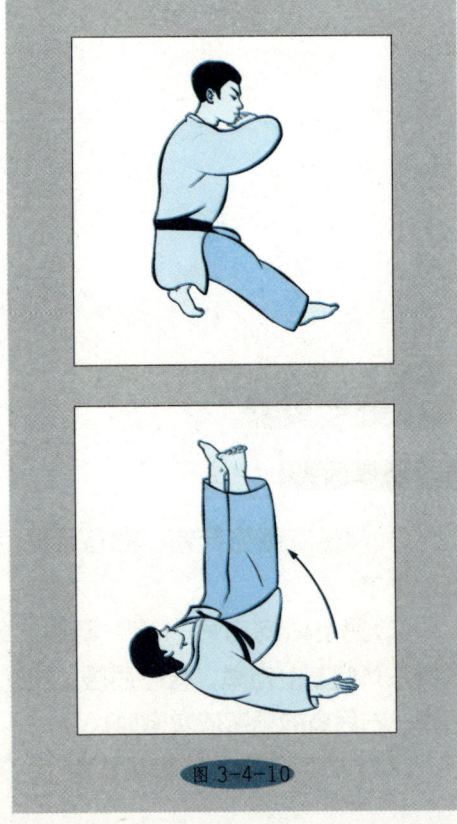

图 3-4-10

▼ 站立侧倒

✿ 动作方法　见图 3-4-11

（1）从站立姿势开始，用左脚向前方迈出一步，右臂后摆；

（2）左脚支撑身体，右腿向左斜前方举起，右臂由后向左臂前摆动，左膝弯曲，采用蹲踞侧倒的姿势，向右侧倒。

✿ 技术要点

（1）从站立姿势到蹲踞姿势时，用左脚后跟支撑臀部，直接向后倒；

（2）当臀部着地时，原支撑脚迅速向前伸直和右脚并在一起向上举起。

✿ 错误纠正

左右臂拍地时动作过小，身体僵硬。因此，应注意侧倒时低头、含胸，转身时右手于右脚同时抬起呈深（半）蹲姿势，双臂前平举，倒地的同时两臂侧呈 45 度角，头略抬起。

图 3-4-11

动作方法 见图3-4-12

　　(1)身体呈自然站立姿势，用右脚随左脚向左横向移动两步；

　　(2)第三步时，左脚迈一大步，将身体重心移到左脚上；

　　(3)右腿、右手同时向左斜前方摆起；

　　(4)用"站立侧倒"的动作倒地。

技术要点

　　(1)与"站立侧倒"相同；

　　(2)及时移动身体重心。

错误纠正

　　失去重心。因此，应注意向右侧倒地时，右手配合右脚，注意重心的改变。

图3-4-12

前倒的倒地方法，有跪立前倒、站立前倒等。

跪立前倒

✿ 动作方法　见图 3-4-13

（1）两膝跪地，脚趾触地，直上体，立腰；

（2）上体前倒，同时两臂在胸前半屈臂；

（3）收腹，直上体，用双臂小臂和脚尖支撑身体向前倒地。

✿ 技术要点

收腹，双臂向内，呈 45 度的"八"字形，用小臂拍地。

✿ 错误纠正

挺胸或含胸。因此，应注意前倒地时收腹，同时用双臂小臂和脚尖支撑身体向前倒地。

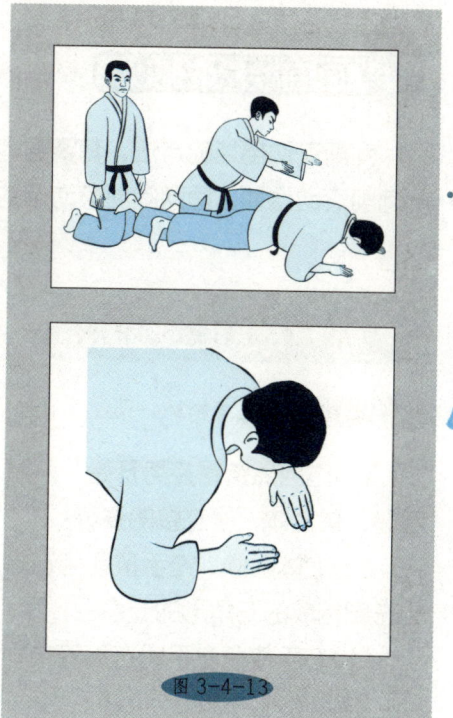

图 3-4-13

站立前倒

✿ 动作方法　见图 3-4-14

身体自然站立，躯干直立向前倒。

✿ 技术要点

（1）同"跪立前倒"；

图 3-4-14

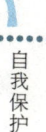

自我保护

（2）收腹，含胸，两脚尖和小臂用力支撑身体。

 错误纠正

前倒地时低头、挺胸、屈膝，两手分的过宽或过窄。因此，应注意收腹，含胸，两脚尖和小臂用力撑身体，动作一气呵成。

向前滚动倒地

向前滚动倒地的方法，有蹲踞向前滚动倒地、站立向前滚动倒地、行进间向前滚动倒地、鱼跃向前滚动倒地、鱼跃障碍向前滚动倒地 5 种方法。

蹲踞向前滚动倒地

动作方法 见图 3-4-15

（1）由自然蹲踞姿势开始，两膝弯曲，直上体，呈立腰的姿势；

（2）上体前倾，左手放在与右脚和左脚构成的三角形的支点上；

（3）右手放在左手和右脚的中间处，指尖向内；

（4）向上提臀，头低于两臂之间胸前处，团身，两脚蹬地向前滚动；

（5）当腰部着地时，用左臂拍地，身体向右前方滚倒。

技术要点

（1）手、左脚、右脚放成三角形，左手和右手指尖向内；

（2）按右臂外侧、右后肩、右背部、左后腰的顺序依次着地，团身，

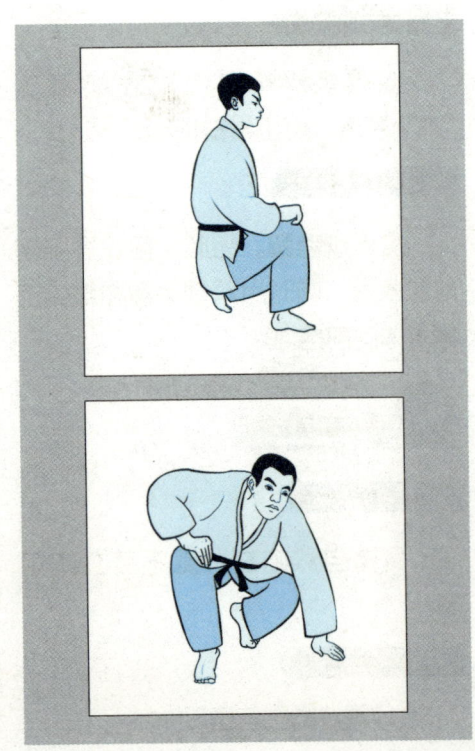

向前滚动；

（3）右前滚动倒地右脚在前，左前滚动倒地左脚在前。

（1）两手与脚的位置未能按动作技术要领的要求放置，形成类似垫上运动中的向前滚翻。因此，应注意动作的准确。

（2）滚翻过程中展腹，倒地后形成仰卧在垫上的姿势。因此，应注意先后顺序，动作要一气呵成。

自我保护

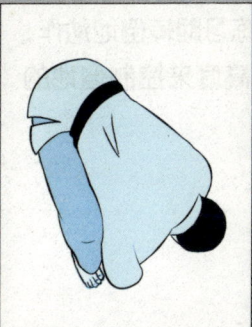

图 3-4-15

站立向前滚动倒地

 动作方法 见图 3-4-16

从右自然站立姿势开始，用蹲踞向前滚动倒地动作，两手撑地，两脚用力蹬地腾空做向前滚动倒地。

技术要点

（1）分解练习时，两手抓住棒子支撑身体向前滚倒练习，抓棒高度由低到高；

（2）逐步加快动作速度后练习。

错误纠正

单手抓棍。因此，应注意用双手用力抓住木棍练习翻转倒地动作，调节木棍位置的高度来控制倒地的难度。

图 3-4-16

行进间向前滚动倒地

动作方法 见图 3-4-17

（1）站立姿势同上；

（2）迅速前进第二步；

（3）第三步是右腿迈大步，同时两手向前着地支撑，大幅度向前滚动倒地。

技术要点

滚动后用左臂拍地。

错误纠正

倒地时抬头、挺胸。因此，应注意倒地时低头、含胸，两手向前着地支撑，身体大幅度向前滚动倒地。

自我保护

图 3-4-17

▼ 鱼跃向前滚动倒地

❋ 动作方法 见图 3-4-18

在行进间向前滚动倒地等动作练习的基础上练习，逐步加大难度，加入跳跃动作。

❋ 技术要点

同"行进间向前滚动倒地"。

❋ 错误纠正

缺少跳跃。因此，应注意鱼跃时和垫子有一定的高度。

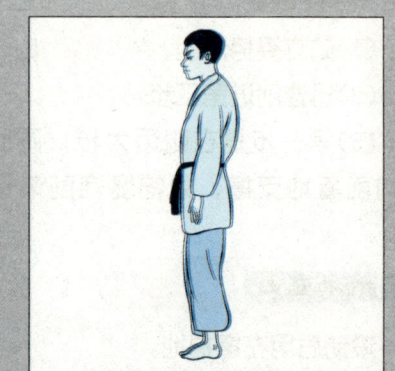

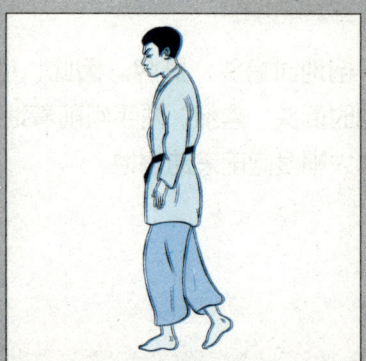

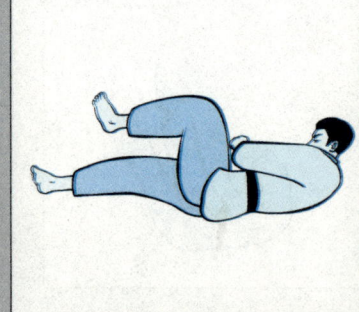

图 3-4-18

鱼跃障碍向前滚动倒地

动作方法 见图 3-4-19

在做行进间滚动倒地、鱼跃向前滚动倒地等练习的基础上，加入越障碍动作。

技术要点

提高腾空的高度，身体在空中展开，在落地的瞬间收颈、含胸。

错误纠正

两腿没有蹬地，身体鱼跃不起来。因此，应注意在到达障碍前，两脚用力蹬地，身体腾空。

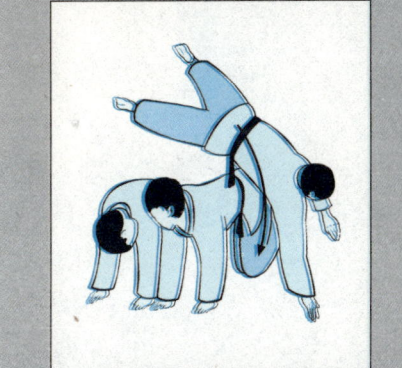

图 3-4-19

第四章　攻防技术

　　柔道攻防技术的特点是，攻防结合，攻中有防，防中有攻，以攻为主，主动前进进攻。进攻与防守是矛盾的统一体，进攻可以得分，可是进攻得分又是在防守成功的基础上才能实现的，也就是没有防守的成功，就不会有进攻，两者是紧密相连的。

　　柔道的攻防技术分为立技、寝技以及防身自卫击打对方的挡身技，但现在柔道比赛中已不准使用挡身技了。了解柔道的不同技术、明确练习的基本方法和技术要点、掌握几种类型的实用技术动作，才能提高分析、辨别和动手的能力。

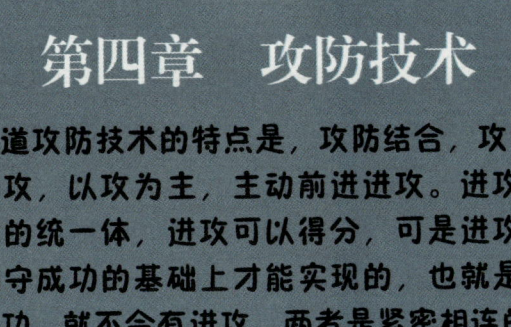

第一节
立技

　　立技是站立技术，分为站立不倒的投技和主动倒地的舍身技。投技又分为手技、腰技、足技；舍身技分真舍身技和横舍身技。

　　所谓手技就是抓握对方有力靶位，控制对方，用动作把对方摔倒，包括背负投、体落和肩车等。

背负投

　　背负投是柔道立技中手技的一种。它是使对方失去平衡，由后背将其向前摔下去的技术。摔的方法主要有两种，一种是"双手背负投"，另一种是"一本背负投"，此外还有"单把背负投"。

双手背负投

 见图4-1-1

　　（1）双方以右自然体站立开始，用右手抓住对方的左前襟向上提，左手抓其右外侧中袖，用力把对方前拉、上提，使对方向前方失去平衡；

　　（2）右脚向对方的右脚内侧落步，上体左转，身体重心放在右脚尖上，用左脚向对方的左脚内侧倒插步；

　　（3）同时右臂弯屈，向对方的右腋下插入。两臂的位置是左臂在下，右臂在

上，用力拉对方，同时转体，用背贴紧对方；

（4）上体前屈、膝挺直、提臀，同时把右臂上顶，左臂向下拉，使对方从背上转体摔到右前方呈侧倒。

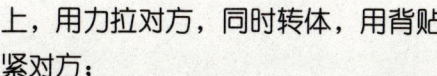 **技术要点**

（1）右臂弯屈，手腕伸直，向对方的右腋下插入，左臂向前拉，把上体贴紧，左手拉时，开始是挺胸向上拉，使对方失去平衡后，用右臂插；

（2）倒插步，双脚平行置于对方的两脚内侧，呈"八"字形，屈膝。

错误纠正

（1）开始左手用力向下拉，右臂很难插进去。因此，应注意左臂上提，右臂迅速插进去。

（2）膝盖没有绷直，脚跟没有提起，发不了力。因此，应注意做动作时，两脚平行，膝盖绷直，脚跟提起。

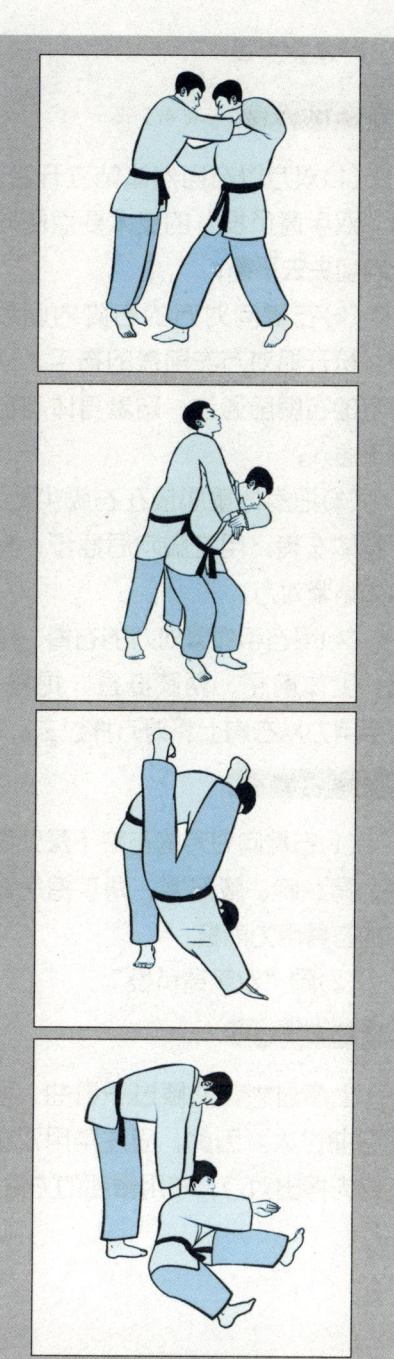

图 4-1-1

立技

一本背负投

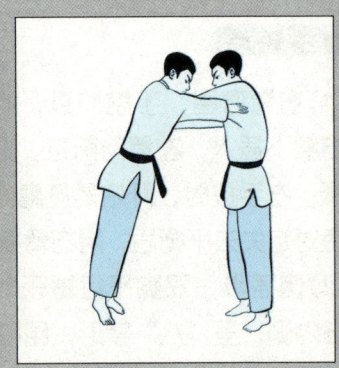

动作方法 见图 4-1-2

（1）双方以右自然体站立开始，用"双手背负投"的技术要点使对方向前失去平衡；

（2）右脚向对方的右脚内侧迈步，松开抓对方左前襟的右手，从对方的右胸前通过，贴着身体向右腋下插入；

（3）把身体重心放在右脚尖上，将身体左转，用左脚向后插步，将身体贴紧对方；

（4）用右手抓紧对方的右臂，挎起，上体前屈、两膝挺直、提臀，双手用力从右肩上将对方摔过去。

技术要点

（1）右臂向对方的右腋下深处插进，臂、肩、腋贴紧，两手抱住对方的右臂用力前拉；

（2）同"双手背负投"。

错误纠正

上步过大，两膝过于弯曲，腰部弯曲过大。因此，应注意用双腿的蹬力摔出对方，不用腰部的力量。

攻防技术

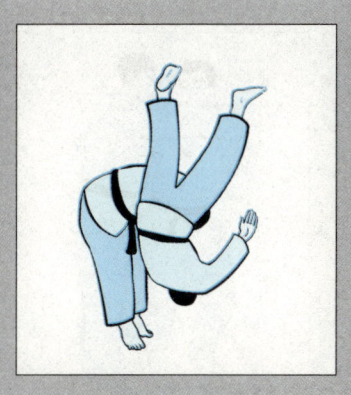

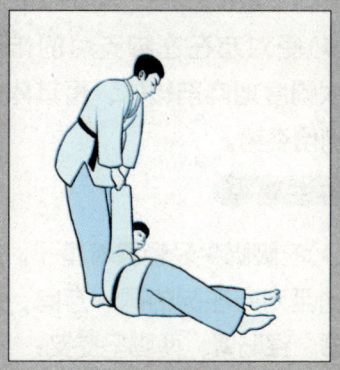

图 4-1-2

 体落

体落是柔道立技中手技的一种。它是将对方向右（左）前方拉，再把右（左）脚移动到对方支撑身体重心的右（左）脚外侧作为支点，两手配合用力，将对方摔倒的技术。

 动作方法 见图 4-1-3

（1）双方以左自然体站立开始，用左手抓对方的左前襟向上提，右手抓右外中袖，抬起肘臂向上拉，右脚移向对方的右脚前，左脚略向后退，使对方的身体重心移向右前上方；

（2）身体右转，右脚倒插步，移向对方右脚前，两手用力配合使对方进一步失去平衡；

（3）左脚轻轻移向对方左脚外侧，两人左脚交叉，左、右手顺势改变方

向由上向下拉；

（4）使对方在左脚支点的作用下，大幅度地向前转体，将其摔倒呈左侧倒姿势。

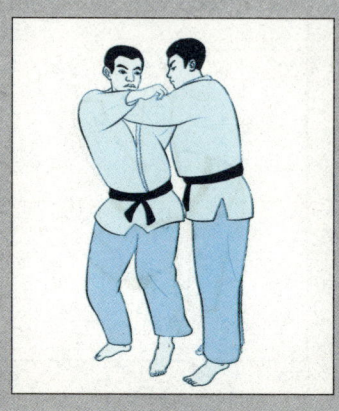

技术要点

（1）左脚脚尖轻轻擦着垫子，水平移动至对方左脚的同一方向，两人的脚、踝贴紧，两脚呈交叉；

（2）挺胸，两手用力提拉对方，使对方失去平衡。

错误纠正

发力时，身体没有转体，动作没有成功完成。因此，应注意两臂拉紧对方，同时转体。

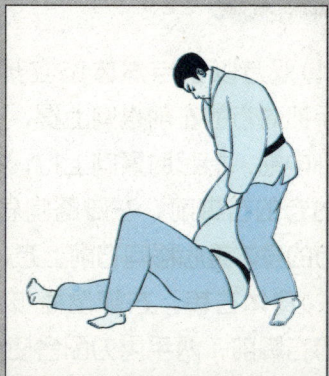

图 4-1-3

 **肩车**

肩车是柔道立技中手技的一种。它是把对方的身体横扛在自己的肩上，将其向左、右前方摔倒的技术。

🏵 **动作方法** 见图4-1-4

（1）双方以右自然体站立开始，用右手抓对方的左前襟，左手抓右中袖；

（2）左脚后退一步，用左手拉对方，使对方的右脚向前迈步，利用其身体前倾的时机腰下沉，以自己的右肩、颈部顶贴住对方的腹部，用右手向其右内裆处插入；

（3）左手向左腰方向紧拉，同时，左脚收回，用力把对方的身体横扛在自己的肩上，将其向左前方摔倒。

🏵 **技术要点**

沉腰、屈膝、下蹲、扛起，右肩、颈部顶住对方的腹部。

🏵 **错误纠正**

发力时低头，使对方逃脱。因此，应注意抬头，顶住对方侧腰，向侧发力。

立技

图 4-1-4

腰技是指用手抓住对方腰部的靶位，将其背在腰、背上摔倒的技术，包括大腰、扫腰和跳腰等。

大腰是柔道立技中腰技的一种。它是使对方从前或右（左）前方失去平衡，用右（左）手抱住对方的腰部，将其背在腰、背上摔倒的技术。

动作方法 见图 4-1-5

（1）双方以右自然体站立开始，用右手抓提对方的左前襟，左臂抬肘，左手抓拉右中袖，同时两手用力提拉，使对方身体重心向前；

（2）右脚向对方右脚前内侧落步，同时左转体、转腰，左脚后退倒插步，移向对方左脚前；

（3）沉腰、屈膝、呈半蹲姿势，同时，右臂向对方左腋下插人，用右手搂抱住对方的腰部；

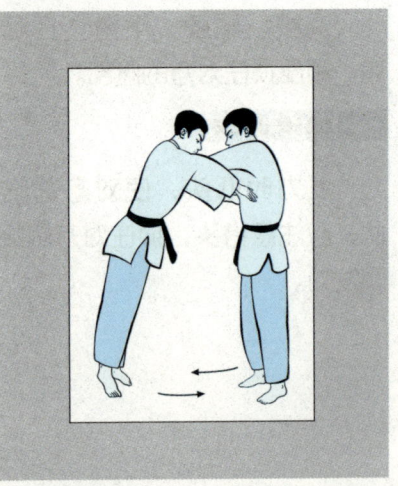

(4)将其背在腰、背上，上体前屈、两膝挺直、提臀，用腰做支点，把对方大幅度地向右前方摔出倒地。

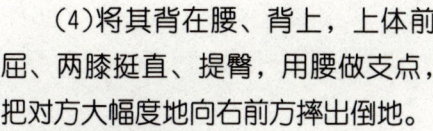 技术要点

（1）后腰、臀部贴紧对方的腹部，搂紧；

（2）挺直弯曲的双膝，两手配合用力将对方提拉起来，利用转体、转腰的动作，将对方摔倒。

错误纠正

上肢拉不紧对方，身体很难贴近对方。因此，应注意拉紧对方，破坏对方重心。

立技

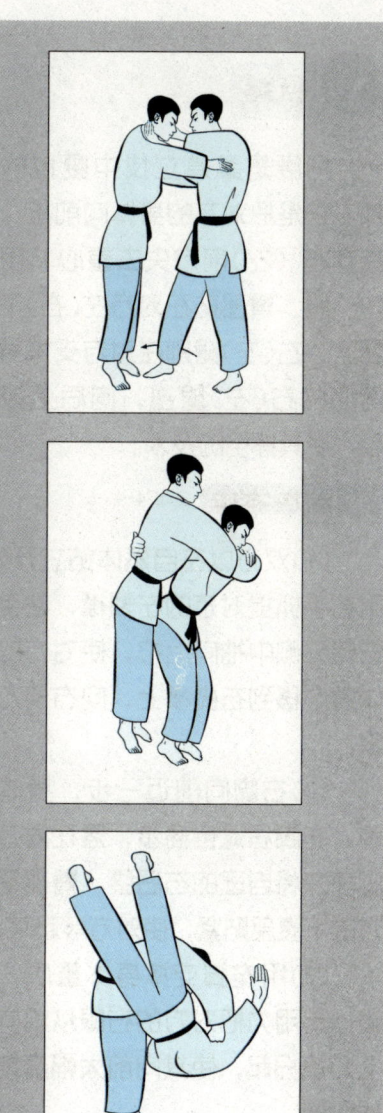

图 4-1-5

扫腰是柔道立技中腰技的一种。它是把对方的身体向前拉，使其向右（左）前方失去重心；用右（左）腰、臀部贴在对方左（右）下腹部上，右（左）腿别住对方支撑身体重心的右（左）腿部，向后上撩扫起，使其摔倒的技术。

动作方法 见图 4-1-6

（1）双方以左自然体站立开始，用右手抓提对方的左领襟，左手抓右臂外侧中袖向上拉，使对方的身体重心移到右脚掌上，向右前方倾斜；

（2）右脚向前迈一步，身体左转，左脚后退倒插步，落在对方左脚前，将自己的右后腰、臀部与对方的下腹部贴紧，使对方浮起来；

（3）用左脚支撑身体重心，右腿抬起用力把对方的右腿从前向后上方撩扫起，使其向前大幅度地转体摔倒。

技术要点

保持身体重心稳定，进腰不要过深。

 **错误纠正**

上肢拉不紧对方，转体时失去重心。因此，应注意拉紧对方上肢，背步时支撑腿弯曲，含胸收腹，保持身体平衡。

图 4-1-6

跳腰

跳腰是柔道立技中腰技的一种。它是使对方向前或向右（左）前方失去身体重心，利用腰和腿的挑撩力量摔倒对方的技术。

动作方法 见图 4-1-7

（1）双方以右自然体站立开始，左脚后退，右脚向前迈出，身体左转变成侧体，用右手抓提对方的左领襟，左手抓右臂外侧中袖向上拉，使对方的身体重心移到右脚掌上，向右前方倾斜；

（2）右脚插到对方的两脚前，左脚脚尖朝外在靠近右脚跟处落地，身体左转面向正后方；

（3）左腿弯曲支撑身体重心，将弯曲的右腿在对方的右腿内侧贴紧，上体贴紧，用右手提拉，左手臂提肘上拉；

（4）左腿蹬伸，上体前屈，用腰和右腿的挑撩力量，左转体将对方摔倒。

技术要点

保持身体重心稳定，手拉、进腰、贴身、蹬伸、屈体、挑撩、转体动作要协调一致。

错误纠正

做动作时重心保持不好，动作不能完成。因此，应注意支撑腿弯曲，身体前倾，支撑腿保持平衡，含胸收腹。

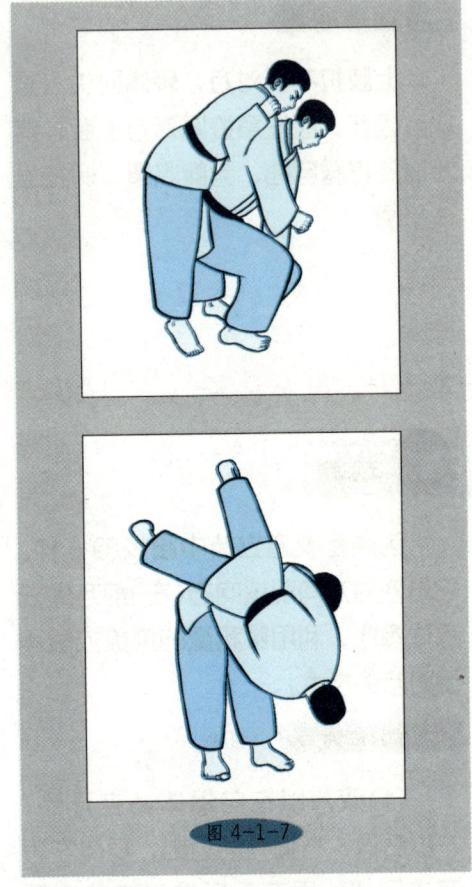

图 4-1-7

 **足技**

足技是从对方支撑身体重心的右（左）腿的后方用腿进行绊、别，使其向右（左）后方失去平衡而摔倒的技术，包括大外刈、大内刈和小内刈等。

攻防技术

 大外刈

动作方法 见图 4-1-8

（1）双方以左自然体站立开始，用右手抓提对方的左领襟，左手抓右臂外侧中袖向自己的左腋处下拉，同时右脚向前移动，上体前倾，左脚向对方的右脚外侧迈步，使对方向右后方失去平衡；

（2）左脚支撑身体重心，右大腿大幅度地向前上方抬举；

（3）脚尖斜下，用右膝后部猛力刈挂、撞击对方的膝后部，同时双手用力将其后推，使对方向后仰卧倒地。

技术要点

保持身体重心稳定，上步、拉推、抬腿、蹬伸、屈体、刈挂、撞击动作要协调一致。

错误纠正

发力时，身体跟不上，贴不紧对方身体，被对方反攻。因此，应注意手脚协调，支撑腿弯曲，身体贴紧对方，含胸收腹。

立技

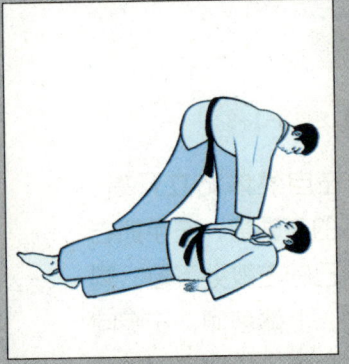

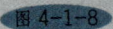
图 4-1-8

大内刈

大内刈是柔道立技中足技的一种。它是当对方向后或左（右）后方失去平衡时，一方用腿插入对方的两腿内，用小腿刈挂腿部，使对方向后仰卧摔倒的技术。

动作方法 见图 4-1-9

（1）双方以右自然体站立开始，用右手抓提对方的左领襟，左手抓右中袖向上拉；

（2）左脚向后移动，右脚后拉，使对方重心升高、后移，再把右脚向对方两脚间插入，用右手推对方的左肩部，左臂提举，使对方身体重心向左后方失去平衡；

（3）左脚靠近右脚后跟，身体重心移到左脚上，右腿屈膝用力刈挂对方的左膝腘窝处，右手用力推，左手协助拉，使对方向左后仰卧摔

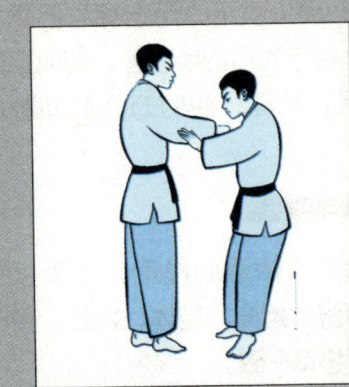

倒。

✿ 技术要点

　　上步、推拉、刈挂动作要迅猛、协调。

✿ 错误纠正

　　身体跟不上，贴不紧对方身体，被对方反攻。因此，应注意先破坏对方重心，身体马上跟进，头侧方贴紧对方腹部。

立
技

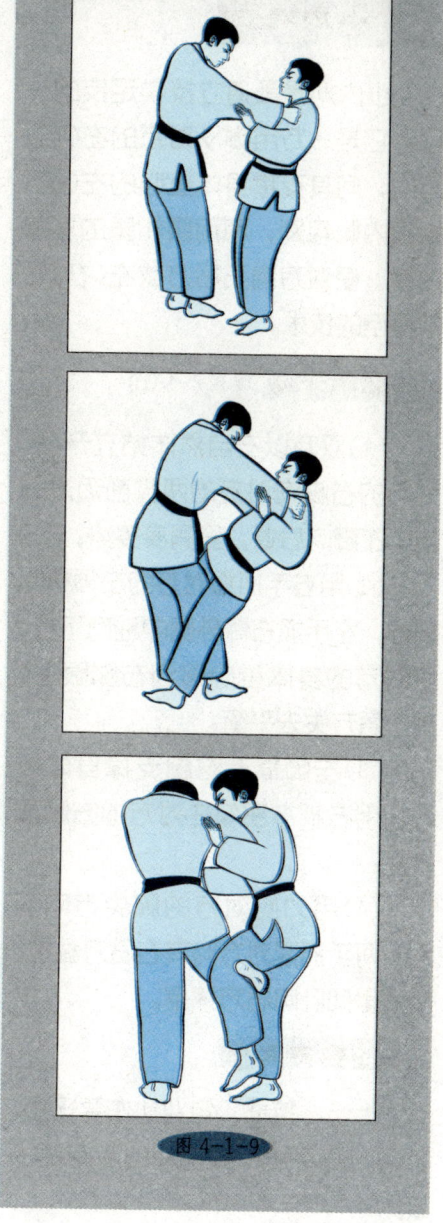

图 4-1-9

 **小内刈**

小内刈是柔道立技中足技的一种。它是一方用脚从对方的左(右)方向,向其支撑身体重心的左(右)脚跟内侧勾刈,利用腰和腿的挑撩力量,使对方向正后方或左(右)后方摔倒的技术。

🎴 **动作方法** 见图4-1-10

(1)双方以左自然体站立开始,一方的右脚向对方的两脚前迈进一步,左脚向后退,呈侧身姿势;

(2)用右手抓提对方的左领襟向前推,左手抓右臂外侧中袖向下拉,使对方的身体重心移到右脚跟上,向右后方失去平衡;

(3)左脚靠近右脚支撑身体重心,用右脚掌部勾住对方的右脚跟内侧;

(4)用力向对方的脚尖方向勾刈,两手抓紧对方向其右后方猛推,使其呈仰卧向后方摔倒。

🎴 **技术要点**

上步、拉推、勾刈动作要迅猛、协调。两手推、脚勾刈的方向要一致。

攻防技术

没有准确判断对方落脚的位置，不能抓紧对方。因此，应注意双手顶住对方前胸和颏下，身体前倾，头向侧转。

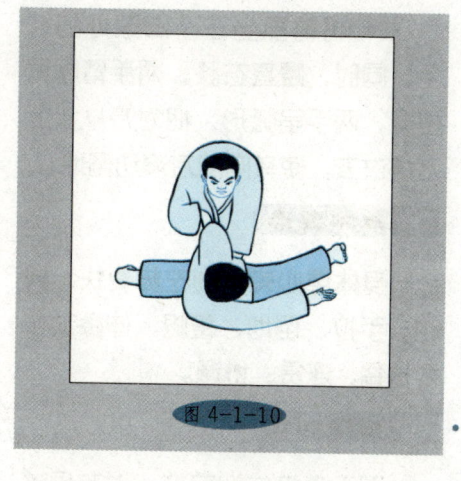

图 4-1-10

真舍身技是指利用身体重心向后坐，主动倒地呈仰卧，脚掌蹬在对方的下腹部上，将其蹬举起来，两手由前向上、向后拉送，经自己的身上、头顶上向后方蹬摔的技术，包括巴投和隅返等。

巴投

巴投是柔道真舍身技的一种。它是利用身体重心向后坐，主动倒地呈仰卧，脚掌蹬在对方的下腹部上，将其蹬举起来，两手由前向上、向后拉送，经自己的身上、头顶上向后方蹬摔的技术。

动作方法 见图 4-1-11

（1）双方以右自然体站立开始，用左手抓对方的右臂外侧中袖，右手抓左侧前襟向上提；

（2）抬起右手臂，右脚后退一步，两手把对方的身体向上拉举，引对方的右脚向斜前方迈出，采取按右、左、右脚的顺序分三步迅速向后方撤步，迫使对方向正前方失去平衡；

（3）左脚向对方的两脚内侧迈进，两手用力向正后方拉，破坏对方的身体平衡，弯曲右膝，脚掌蹬在对方的下腹部；

（4）将臀部坐在左脚跟处的地上，同时，蹬直右膝，两手臂屈臂拉紧，两手呈弧形，把对方从头上方摔过去，使其向前方滚动倒地。

攻防技术

技术要点

身体重心转移到左脚要快，臂屈、手拉、倒地、蹬腿、伸膝动作要迅猛、连贯、协调。

错误纠正

双手直接往胸前拉，对方易逃脱。因此，应注意两手将对方的身体向上提拉，迫使对方失去平衡。

图 4-1-11

隅返

隅返是柔道真舍身技的一种。它是使对方身体向正前方倾斜，将自己身体向后倒，并利用右脚背向上撩的力量，把对方向后抛起，翻转摔倒的技术。

 见图 4-1-12

（1）双方以右自然体站立开始，将右手插入对方的左腋下，搂抱其背部，左手抓对方右中袖内侧；

（2）抬起右手臂，右脚后退一步，两手把对方的身体向上拉举，引对方的右脚向斜前方迈出，使其向前失去平衡；

（3）将身体往后倒，用右脚背在对方的左腿裆部内侧从下向上撩的力量，把对方向后抛起，从头顶上方摔过去。

技术要点

（1）右脚后退，迫使对方向前失去平衡；

（2）用两手把对方的身体用力向上拉提。

错误纠正

发力时，两手没有用力上提，直接倒在垫子上，使对方逃脱。因此，应注意做动作时，两手用力上提，含胸收腹，身体贴近对方身体呈球形向后滚。

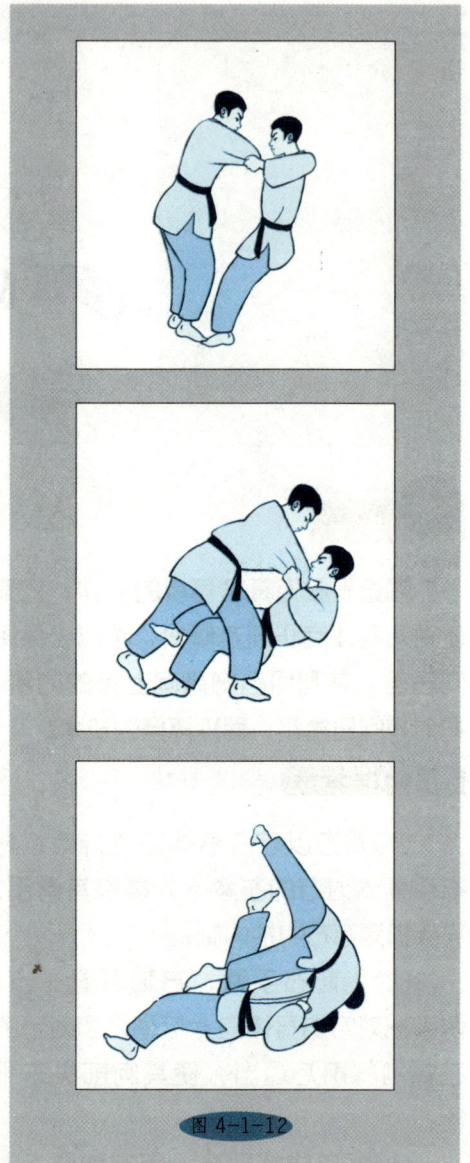

图 4-1-12

横舍身技

横舍身技是使对方的身体向右侧前方倾斜，用左脚掌向对方的右脚外踝下挂、绊、扫踢，利用自己身体的左侧倒地将对方向左侧摔倒的技术，包括横挂和浮技等。

 横挂

横挂是柔道横舍身技的一种。它是使对方的身体向右侧前方倾斜，用左脚掌向对方的右脚外踝下挂、绊、扫踢，利用自己身体的左侧倒地，将对方向左侧摔倒的技术。

🌀 **动作方法** 见图4-1-13

（1）双方以右自然体站立开始，用左手抓对方的右外中袖，右手抓对方左前襟向上提；

（2）在撤第三步时，左脚略后退，在对方形成半身倾斜时，把右脚迈出，迈在对方左脚附近，用两手迫使对方的身体向右脚外侧倾斜；

（3）使对方形成左侧位，用左脚掌向对方的右脚外踝下扫踢，同时，左手弧形提拉，右手协助左手做动作，双方都形成左侧位倒地。

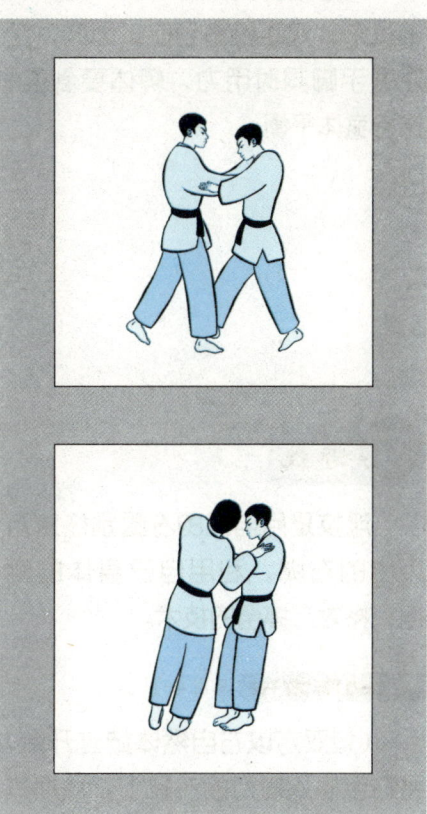

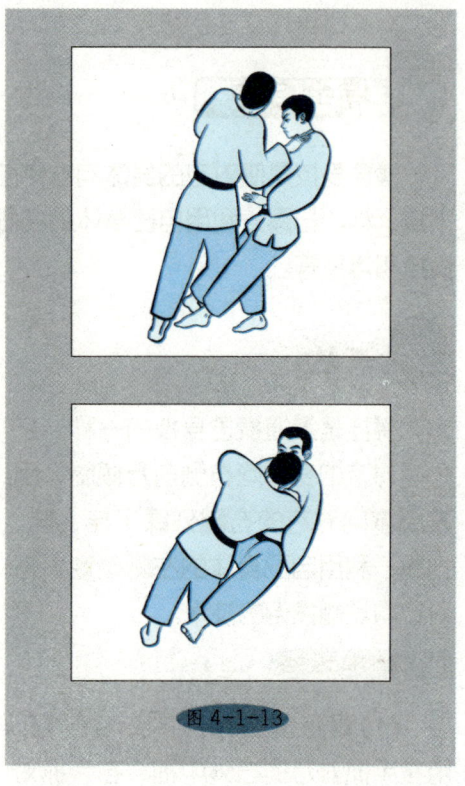

技术要点

(1)让对方的身体僵直,重心在小趾外侧;

(2)左脚扫踢时,部位不能太上,把右脚拉近,完成左脚扫踢后,随之倒地。

错误纠正

支撑腿没有保持平衡,身体转不过来,双手拉不到位。因此,应注意手脚同时用力,转体要到位,保持身体平衡。

图 4-1-13

 浮技

浮技是用自己的左腿别住对方迈出的右脚,利用自己身体的侧倒,将对方摔倒的技术。

动作方法 见图 4-1-14

(1)双方以右自然体站立开始,将右手插入对方的左腋下,搂抱其背部,左手抓右中袖外侧;

(2)抬起右手臂,右脚后退一步,两手把对方的身体向上拉举,引对方的右脚向斜前方迈出,使其

向前失去平衡；

　　（3）略伸直左腿向左后方弧形迈出，用自己的左腿，别住对方迈出的右脚；

　　（4）把对方继续向其右前方拉，使其失去身体重心，同时两手用力拧转，形成左侧拉，利用自己身体的侧倒，把对方向自己的左肩方向摔过去。

技术要点

　　伸腿别脚要下降重心，身体侧倒、两手侧拉、用力拧转要迅速、协调、连贯。

错误纠正

　　左脚和右手动作不到位，身体动作无法进行。因此，应注意手和脚要配合好，要同时用力。

立技

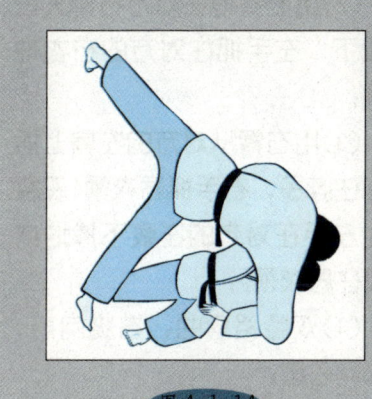

图 4-1-14

第二节
寝技

寝技是倒在地上的翻滚角斗技术,分为固技、绞技、关节技。

固技是把对方的背部按压在垫子上,使之不能逃脱,而施技者保有行动自由的一种技术。如果施技者的腿被对方的腿夹住,则不算使用固技成功。固技包括袈裟固、枕袈裟固、横四方固和上四方固等。

袈裟固

动作方法 见图4-2-1

(1)使对方呈仰卧姿势,从其右侧开始进攻;

(2)用左臂抱住对方右臂夹在左腋下,左手抓住对方的右衣袖外侧;

(3)用右臂从对方的左肩上插进抱住脖子,右手抓后衣领(袈裟固时左手在对方的左腋下撑地或是抓住后衣领);

(4)双膝略弯曲,右脚向前,左脚向后撤;

(5)双臂抱紧,身体重心移到对方的右腰处,挺胸,压住对方的胸部。

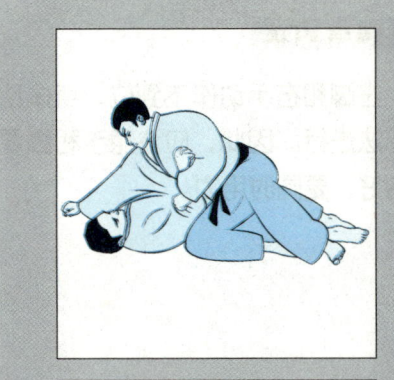

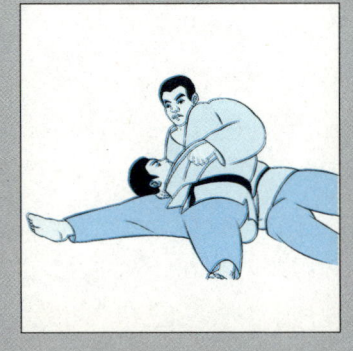

（1）一方的右腰部和对方的右腋下贴紧，臀部着地，收紧身体压住对方，注意不要把身体重心过多地压在对方身上，以防给对方反击创造条件；

（2）搂住对方的右臂，不让其拔掉，把对方的手腕固住，两腿撒开，右腿向外侧，左腿向内侧，擦着地面时要保持身体重心的稳定，特别是右腿不能立起来。

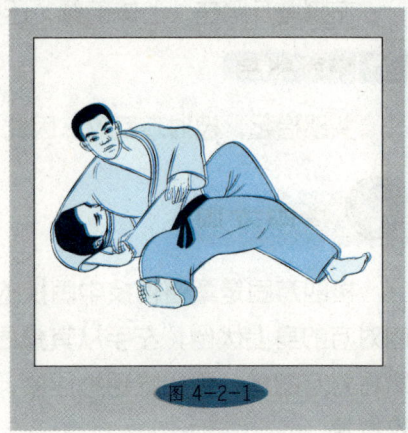

图 4-2-1

错误纠正

头部离对方太远，对方反攻。因此，应注意头部贴紧对方的头部，身体贴紧对方以防对方反攻。

枕袈裟固

动作方法 见图 4-2-2

（1）用腰部的位置压在对方的右肩上，左手从对方的脖子下插进，拇指抓住对方左后领，右前腰向对方的右颈部贴紧，把右手插进对方的左腋下；

（2）右手抓住自己的右膝附近的裤子或右手撑地，把对方的头部放在右大腿部，像枕头似的放好压住。

图 4-2-2

左脚撇开踏住，上体前倾，压住对方。

错误纠正

头部抬起，被对方反攻。因此，应注意头部尽量贴近对方上体。

横四方固

横四方固是柔道寝技中固技的一种。它是让对方仰卧，从其身体侧面向对方的身上伏倒，左手从其颈后抓住其左衣领，右手抓住其后腰带，双臂将对方的肩、颈和腿部抱压紧，用胸腹部压住对方，使其不能翻转的进攻技术。

动作方法 见图 4-2-3

（1）对方仰卧时，从其右体侧伏倒；

（2）右手插入对方的两腿之间，拇指向内抓住其左腰带；

（3）左手由对方的右肩上颈部向下边插入，拇指朝上抓住左衣领；

（4）双膝弯曲，用右膝顶住对方右腰部，左膝在对方的右腋下贴紧，两脚平放，腰下沉，双臂收紧，用胸腹部压住对方。

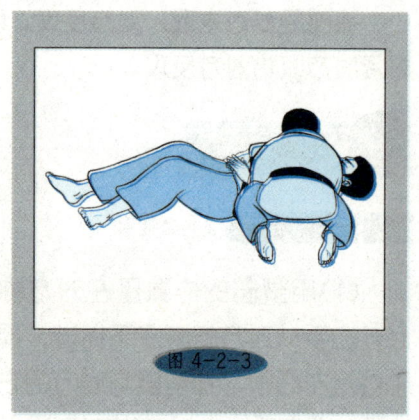

图 4-2-3

技术要点

（1）两臂拉紧，收肘，腋部夹紧，上体贴紧对方的胸、腹部，双臂压住；

（2）两膝弯曲，在对方的右体侧贴紧。

错误纠正

两手没有把对方身体锁紧。因此，应注意左手锁紧对方左肩及颈部，胸部、腹部尽量贴紧对方上体，头抬起来，防止对方逃脱。

上四方固

上四方固是柔道寝技中固技的一种。当对方身体呈仰卧时，跪在对方头顶上方，两腿夹住其头部，两肘夹紧其两臂，两手抓住腰带，用面、腮、上体压住对方的头部、上体，以控制对方，使其翻转不过来。

动作方法 见图4-2-4

（1）对方仰卧，一方跪在对方头上方；

（2）两手从对方腋下插入，抓住其腰带，控制住两臂，然后用两膝固住对方的头，将上体趴在对方上体上；

（3）在做动作时，两脚不要伸直，两手下拉，两肘夹紧，头向一侧，用胸和头压住对方。

图4-2-4

寝技

技术要点

（1）两臂收紧，用胸限制对方上体的活动；

（2）为了使身体重心降低，可把两脚尖竖起；

（3）始终保持自己的身体和对方的身体在一条直线上。

错误纠正

（1）两手和肘部夹在对方腰部。因此，应注意两臂锁紧至对方腋下。

（2）头部和上体没有贴紧对方身体，对方逃脱。因此，应注意胸部和头部尽量压住对方上肢，使对方不能翻转身体。

绞技是指在对方腹部上，两手交叉呈"×"形，抓住对方两边领襟收紧

压迫颈动脉的一种技术，包括十字绞、送襟绞和片羽绞等。

十字绞是跪骑在对方腹部上，两手交叉呈"×"形，抓住对方两边领襟收紧压迫颈动脉的技术，故称十字绞。其中片十字绞为一掌心朝上，另一掌心朝下；逆十字绞为两掌心都朝上；并十字绞为两掌心都朝下。

✵ 动作方法 见图 4-2-5

一方骑在对方腰部，两腿夹紧，两手交叉。一只手的拇指朝内，另一只手拇指朝外，握住对方两侧衣领深处，用力绞。

图 4-2-5

✵ 技术要点

对方仰卧，与对方同一方向骑在对方身上，两手交叉呈十字形，抓住对方衣领，用力勒绞。

✵ 错误纠正

双手没有抓对方颈部两侧衣领，只抓胸前衣襟，对方争脱。因此，应注意两手尽量向对方两侧衣领后方抓，身体不要左右倾斜，用力勒绞。

逆十字绞

动作方法 见图4-2-6

一方骑在对方腰部，两腿夹紧，两手交叉，两只手拇指朝外，其余四指朝内，握住对方两侧衣襟深处，用力绞。

技术要点

同"片十字绞"。

错误纠正

同"片十字绞"。

图4-2-6

并十字绞

动作方法 见图4-2-7

一方骑在对方腰部，两腿夹紧，两手交叉，两只手拇指朝内，其余四指朝外，握住对方两侧衣襟深处，用力绞。

技术要点

同"片十字绞"。

错误纠正

同"片十字绞"。

图4-2-7

寝技

送襟绞是柔道寝技中绞技的一种。它是在对方背后用两手绞颈动脉、颈静脉和气管的一种绞技技术。右手从对方的右肩上前伸抓其左衣领，左手从左腋下插入抓右衣襟，然后伸直左臂，右手勒紧衣领，迫使对方难受而服输。

动作方法 见图4-2-8

（1）对方采取伸腿坐立姿势，一方在对方的背后，取左膝跪地、右膝屈立姿势，左手从对方的左腋下插入，抓住右衣襟拉紧；

（2）右手从对方的右肩上伸到颈部，拇指朝里抓住其左衣领深处，把右脸贴在对方的左脸部，把上体贴紧，略向后退再向右转，迫使对方的身体重心不稳，右手拉，左手向下拉，勒紧颈部做绞技。

技术要点

（1）右手握住左横衣领的深处，拉时手腕向小指侧伸直，用左手向下直拉进行勒绞，两手深握，身体贴紧做绞技；

（2）右臂的肘不要离开对方的右肩，抬起肘易被对方推开、逃脱。

图4-2-8

手抓得不紧。因此，应注意右臂贴紧对方左肩，防止对方抬起肘后被对方推开、逃脱。 发力时，腹部贴紧对方后背，展腹。

▼ 片羽绞

片羽绞是柔道寝技中绞技的一种。它是以抓拉对方单片衣领而绞其颈动脉的一种技术。从对方背后用右手抓其衣领，左手从其左腋下插入按在颈后，右手勒紧，左手使劲将对方左肩向后扳抬，迫使对方难受而服输。

动作方法 见图 4-2-9

(1)对方采取伸腿坐立姿势，一方在对方的背后，取左膝跪地、右膝屈立姿势，右手从对方的右肩上伸到颈部，拇指朝里抓住其左衣领深处；

(2)用左手把对方的左臂扳抬起，并控制在自己的胸前；

(3)左手腕、手指伸直，手背朝外，从对方颈后向自己的右腋下插入，右脚随着身体向右转，把对方的身体向后扭转，头前压，使对方的左臂紧贴在胸部，右手勒拉紧，做绞技。

技术要点

把对方的左臂向上抬起，紧贴在自己的胸部，控制住不让对方逃脱掉。

寝技

胸部离对方远，对方易逃脱。因此，应注意把位抓紧，头前压，使对方的左臂紧贴在胸部，右手紧贴对方颈部抓住衣领，不让其逃脱掉。

错误动作

图 4-2-9

关节技是把对方的肘关节向伸直的一侧反别或用力反压的技术。

腕缄

腕缄（缄腕）是柔道寝技中关节技的一种。它是用自己两手臂的力量，把对方的手臂屈成折角状，反方向别其肘关节，使其疼痛难受而认输的一种技术。

❀ 动作方法 见图 4-2-10

（1）对方呈仰卧姿势，自己在其身体右侧，对方抬起左手要抓自己的衣领时，用左手拇指朝下抓住其左手腕；

（2）将自己的身体趴在对方身上，迫使对方的左臂屈曲，并压住左肩外侧；

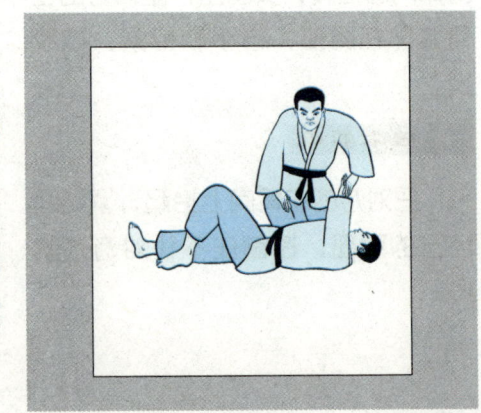

（3）右手从对方的左肘下插入，用左手从上面抓住自己的右手腕。左手往自己身体方向用力拉，在右手压的同时，把对方的肘关节别住。

 技术要点

（1）双方的身体位置呈十字形；

（2）将对方的左臂弯到约90度，用双手手腕往下压，双手边拉边拧，将对方关节别住；

（3）上体用力压住对方上体，固住其左肩，别住其肘关节。

图4-2-10

錯誤纠正

跪骑在对方身上，与对方呈一条线，使对方逃脱。因此，应注意胸部贴紧对方右侧胸部，发力时与对方呈十字形。

▼ 腕挫十字固

腕挫十字固（十字固）是柔道寝技中关节技的一种。它是身体与对方呈十字形时，反方向折压对方肘关节的一种技术。

动作方法 见图4-2-11

（1）对方呈仰卧姿势，自己在其身体右侧，对方伸直右臂想抓自己的衣领时，用两手（拇指朝内，四指朝外）抓住对方的手腕，向上提；

（2）腰略上抬，用右脚尖蹬在对方的腋下，右膝弯曲，臀部接近脚后跟呈蹲的姿势，同时，左腿向对方的头部压去；

（3）左腿从对方的颈部向左肩上伸直、贴紧，用双膝夹住对方的右臂，挺起下腹部，身体后仰，用双手拉紧、拉直对方的手臂，固住，反方向折压其肘关节。

寝技

（1）呈蹲的姿势时，臀部要贴紧对方的右肩下；

（2）双手向后拉、挺腹、上体后仰、双膝夹住右臂，几个动作在瞬间同时进行；

（3）双方的右手应是合掌握住，朝小指（向下）的方向拉，固住对方；

（4）对方为了防守，用右手抓住自己的衣领，用左手抓住右手腕时，可用左手把对方的右臂拉起，防止对方逃脱，用右手把对方的手腕或手掌抓住拉紧，放松，再拉紧之后固住对方。

错误纠正

跪骑在对方身上，与对方呈一条线，对方逃脱。因此，应注意保持与对方呈十字形，用两臂将对方两臂夹紧，使对方无法挣脱。

图 4-2-11

腕挫腕固

腕挫腕固（腕固）是柔道寝技中关节技的一种。它是反向压折肘关节的一种技术。

动作方法 见图 4-2-12

（1）对方呈仰卧姿势，自己在其身体右侧，对方抬起左侧身体，把左臂伸直，抓住自己的右衣领；

（2）身体下沉，将对方的左手腕固在右肩上，并用右颈部夹紧固住，用右手掌压在对方的左肘上；

（3）用双手抱住对方的左臂肘关节，右膝压在对方的腹部，控制对方欲抬起身体的动作，双手抱住对方左肘向斜下方绕圆形往自己身体一侧方向拉压，身体略向左转，把对方的肘关节控制住。

技术要点

（1）当对方伸直左臂进攻时，自己的上体下沉，趁机用颈部把对方的左手夹住，再抬起上体，把对方的左臂拉直；

（2）防止对方身体靠近手腕向内扭转，同时屈肘，把手抽出。

错误纠正

双手和身体动作不协调，动作不能完成。因此，应注意身体的协调性。

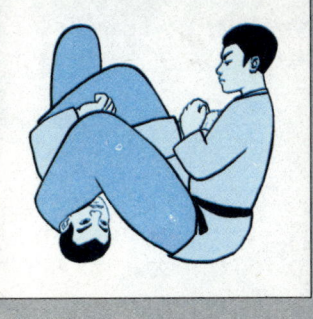
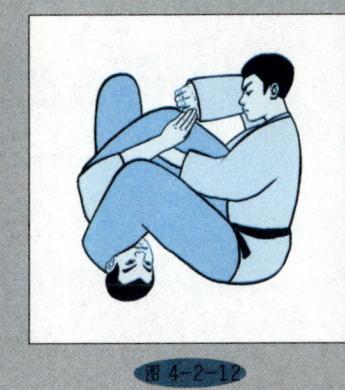

图 4-2-12

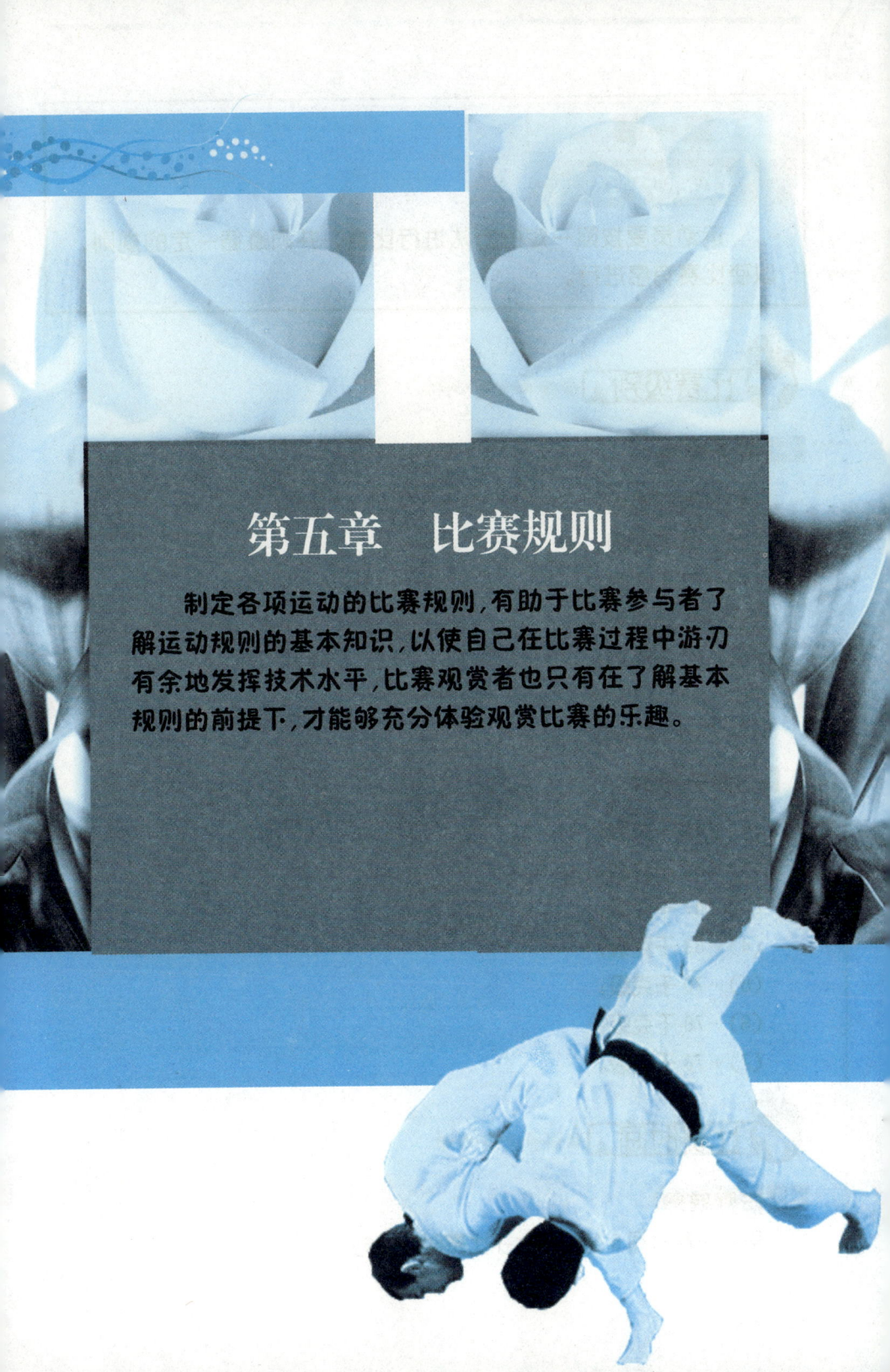

第五章　比赛规则

制定各项运动的比赛规则,有助于比赛参与者了解运动规则的基本知识,以使自己在比赛过程中游刃有余地发挥技术水平,比赛观赏者也只有在了解基本规则的前提下,才能够充分体验观赏比赛的乐趣。

第一节

比赛方法。

运动员要按照一定的方法进行比赛，并须遵循一定的规则，以使比赛有序进行。

 **比赛级别**

男子级别

(1) − 60 千克级；

(2) − 66 千克级；

(3) − 73 千克级；

(4) − 81 千克级；

(5) − 90 千克级；

(6) − 100 千克级；

(7) + 100 千克级。

女子级别

(1) − 48 千克级；

(2) − 52 千克级；

(3) − 57 千克级；

(4) − 63 千克级；

(5) − 70 千克级；

(6) − 78 千克级；

(7) + 78 千克级。

 **比赛时间**

比赛时间

男子比赛时间 5 分钟，女子比赛时间 4 分钟。

凡是主裁判宣布"暂停"和"开始",以及"原姿势暂停"和"开始吧"之间的时间,不应计算在比赛时间之内。

比赛程序

比赛开始

比赛者应面对面地站在比赛区内和自己标志带相同颜色的红、白标志线后。然后相互站立致礼并向前一步,站在红、白标志线前,在主裁判宣布"开始"的口令之后,开始进行比赛。

比赛总是由站立姿势开始。

暂停

主裁判在下列情况为了暂时中断比赛可宣布"暂停",当比赛重新开始时,主裁判应宣布"开始"。

(1)当比赛的一方或双方出界时;

(2)当比赛的一方或双方违反禁止事项时;

(3)当比赛的一方或双方负伤或发病时;

(4)当有必要让比赛的一方或双方整理柔道服装时;

(5)在寝技中比赛没有明显的进展,而又出现比赛的双方互相缠着腿的情况时;

(6)当比赛的一方处于从寝技中将对方负在背上呈站立或半站立姿势时;

(7)当比赛的一方处于站立姿势,或从寝技转入站立姿势,并把仰卧在垫子上用腿缠着自己身体的对方提离垫子时;

(8)当比赛的一方在站立姿势时施绞技或关节技而效果又不能立即显示出来时;

(9)当裁判委员会或裁判们希望进行协商时;

比赛方法

(10)在其他的情况下，主裁判认为有必要暂停比赛时。

原姿势暂停

在任何情况下主裁判需要暂时中止比赛时，他可宣布"原姿势暂停"（不要动）。例如，主裁判需要给比赛的一方或双方训令而又不希望造成双方相互位置的改变时，或需要给一方处罚而又不要使另一方丧失有利位置时。重新开始比赛时，主裁判须宣布"开始吧"。

第二节
裁判方法

在比赛过程中，裁判人员通过履行其职责，进行正确的裁判工作，来保证比赛的公平、公正。

裁判人员

在通常情况下比赛设一名主裁判员和两名副裁判员。在裁判委员会的监督下，主裁判员和副裁判员在记录员和计时员的协助下进行工作。

评分

一本(ppon)

运动员得一本后，比赛即结束，获得"一本胜利"。比赛时获得以下几种效果时均得一本：

(1)站立时使用技术有速度、有力量地把对方摔成大部分的肩背着地；

(2)把对方的背固定在垫子上达30秒；

(3)逼迫对方的肘关节或勒绞对方颈部使之拍垫子认输；

(4)对方受到取消该场比赛资格的处罚。

有技(Waza-Ari)

运动员在一场比赛中获得两个有技，比赛即结束，算获得胜利。比赛时获得以下几种效果时均判得有技：

(1)站立时使用的技术未完全成功，不够判为一本；

(2)把对方的背固定在垫子上的时间在 25 秒以上，但不到 30 秒；

(3)对方运动员受到 1 次警告。

有效(Yoko)

比赛时获得以下几种效果时均得有效：

(1)站立时使用的技术只有部分成功，不够判为"有技"；

(2)把对方的背固定在垫子上的时间在 20 秒以上，不到 25 秒；

(3)对方受到 1 次"注意"的处罚。

效果(Koka)

比赛时获得以下几种效果时均得效果：

(1)站立时使用的技术未成功，但有一定速度或力量，仅使对方的体侧、胸腹、臀部着地；

(2)把对方的背固定在垫子上的时间在 10 秒以上，不到 20 秒；

(3)对方受到 1 次"指导"的处罚。

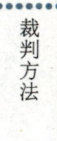

胜负判定

一场比赛中未得一本时，则依次按有技、有效、效果的多少评定胜负。如果双方得分相等，则根据比赛的风格、进攻次数来判定胜负或平局。

犯规

以下情况属于犯规行为：

（1）击打对方，用头、肘、膝顶撞对方，抓对方头发及下部；

（2）用手、脚、腿或胳膊击打对方的脸部；

（3）对肘关节之外的其他关节使用反关节的动作；

（4）使用任何可能伤害对方颈椎或脊椎的动作；

（5）在比赛中防守过度，被对方推挤出比赛区域或故意躲避对方，给对方造成危险。

超出比赛区域

超出比赛区域指的是柔道选手身体的任何部分超出了比赛区域。如果参赛一方将另一方摔出，而本身由于失去重心而跌出场外，则按照被摔选手的落地时间来判断其是否犯规：被摔选手若先着地，则不算犯规；反之，算犯规。在比赛中被对方用合乎规则的动作摔出场外则不属犯规。

处罚

运动员有犯规行为或是超出比赛区域，根据情节轻重受到"指导"（koka）、"注意"（yoko）、"警告"（半分）、"取消该场比赛资格"（一本犯规）的处罚。运动员在一场比赛中，受到两次警告，就取消该场比赛资格，判对方获胜。最为严重的犯规是一本犯规，但在判罚前，裁判需与边裁商定。